中央高校基本科研业务费专项资金资助（JB2020064）
中国法学会2020年度部级课题CLS（2020）ZZ023

我国地方政府隐性债务风险法律规制研究

刘 冰◎著

RESEARCH ON THE LEGAL REGULATION OF IMPLICIT DEBT RISK OF LOCAL GOVERNMENTS IN CHINA

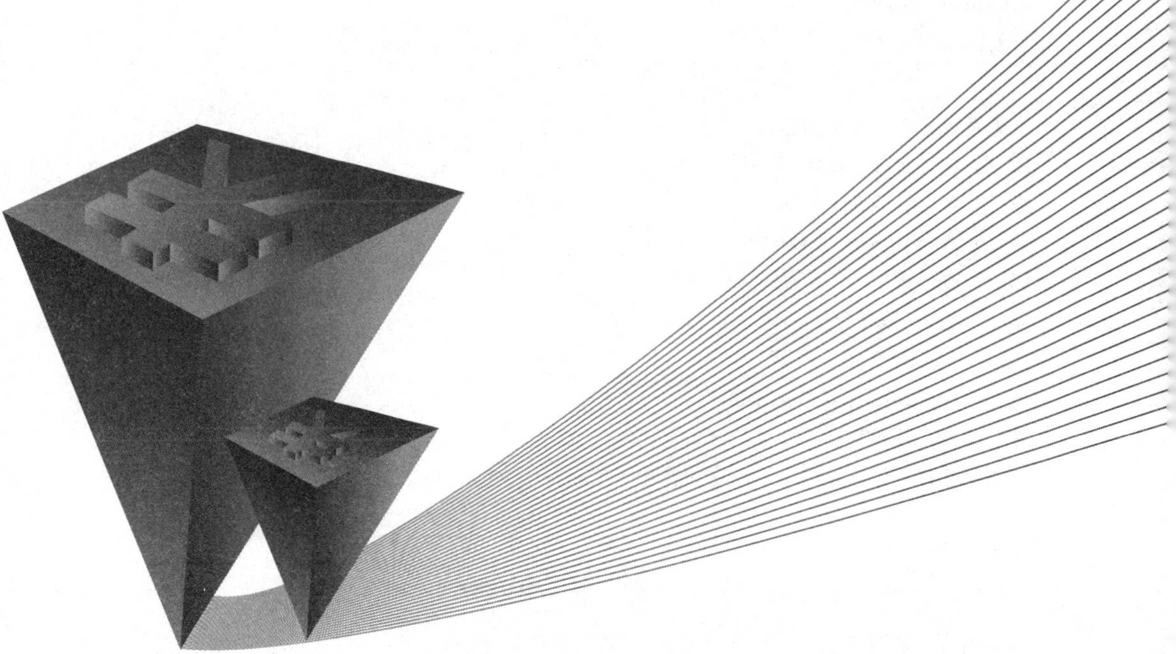

中国经济出版社
CHINA ECONOMIC PUBLISHING HOUSE
北 京

图书在版编目（CIP）数据

我国地方政府隐性债务风险法律规制研究／刘冰 著．
－－北京：中国经济出版社，2022.8
ISBN 978－7－5136－7038－8

Ⅰ.①我… Ⅱ.①刘… Ⅲ.①地方财政－债务管理－风险管理－研究－中国 Ⅳ.①F812.7

中国版本图书馆 CIP 数据核字（2022）第 146938 号

责任编辑 赵静宜
责任印制 马小宾
封面设计 久品轩

出版发行 中国经济出版社
印 刷 者 北京力信诚印刷有限公司
经 销 者 各地新华书店
开 本 710mm×1000mm 1/16
印 张 10
字 数 170 千字
版 次 2022 年 8 月第 1 版
印 次 2022 年 8 月第 1 次
定 价 78.00 元
广告经营许可证 京西工商广字第 8179 号

中国经济出版社 **网址** www.economyph.com **社址** 北京市东城区安定门外大街 58 号 **邮编** 100011
本版图书如存在印装质量问题，请与本社销售中心联系调换（联系电话：010－57512564）

前言

2015年以前，我国只有所谓的地方政府性债务，没有隐性债务的概念，直到2017年中央政治局会议第一次提出地方政府隐性债务，这个新的债务类别开始走到地方政府债务风险防化的核心位置，并成为各级主管部门监管的重点。地方政府隐性债务的演变与地方政府债务的演变不可分割，地方政府债务的源头最早可追溯到1994年，分税制改革重构了中央与地方政府之间的财政关系，财权向中央倾斜，事权却向地方下放，为了解决地方财权与事权不匹配的矛盾，地方政府采取各种方式举借债务，财政问题采取金融方式解决，而金融杠杆进一步放大了财权与事权之间的矛盾，留下大量的、无法准确统计的隐性债务。这些年经济的高速发展掩盖了隐性债务的风险，随着经济进入新常态，经济下行压力增大，地方政府隐性债务的结构性、系统性风险慢慢凸显出来，并且有向财政系统和金融系统传导的趋势。如何防范和化解隐性债务风险，成为地方政府乃至全社会发展中长期面临的一个复杂的系统性问题，其中防范化解隐性债务风险法律问题的研究价值和作用日益彰显。

我国各级地方政府在防范化解隐性债务风险实践中存在着问责制度、新增隐性债务特殊处置规定不完善，缺乏有效的监管机制，不能达到穿透式监管的目的等问题，在债务体系整体变迁背景下没有形成系统性的化解思维，难以找到成熟的防化路径来指导本地区的隐性债务防化工作。上述问题直接影响了地方政府防范化解隐性债务的效果，对防范化解隐性债务风险法律问题的研究成为当下紧迫的现实课题。

我国想要系统地、彻底地防范化解地方政府隐性债务风险，应当立足于现有的财政制度、地方政府债务管理体系中法律缺位、实践不佳的现状，从构建穿透式监管的防范体系开始，实施动态监管，强化审计工作，全方位立体监督地方政府举债行为，防范继续新增隐性债务。采取系统性思维，完善地方政府债务管理制度，正视地方政府举债需求，开“前门”堵“后门”，建立隐性债务风险评估预警、应急处理和后期处置机制，化解地方政府隐性债务风险。同时在债务系统整体性变迁下增强地方政府举债能力，做好新老债务的衔接工作，探索化解存量隐性债务的基本方法和路径。本书旨在研究防范化解地方政府隐性债务风险涉及的法律问题，所采取的研究方法主要是文献研究法、案例分析法和对比分析法，将理论与实践相结合。研究思路从介绍隐性债务的含义及引起的风险入手，通过剖析产生隐性债务风险的根本原因，总结我国地方政府在隐性债务风险防范化解实践中存在的问题。最后通过探讨穿透式监管理论和系统性防化思维，提出防范化解地方政府隐性债务的完善建议。

目　录

第一章　绪　论

2018年人民银行发布了《中国金融稳定报告（2018）》，当时正值2008年国际金融危机爆发10年，我国对应对金融危机取得的经验和教训进行了总结。10年来，我国政府债务监管框架得以强化，银行管理体系更加稳健，关于如何应对金融危机，中国交出了一份自己的答卷。但是这份答卷中有让人担忧的部分，就是地方政府债务风险管理问题，而地方政府债务风险最大的隐忧在于隐性债务风险的堆积。产生地方政府隐性债务的方式很多，比如地方政府融资平台、不规范的PPP项目等。但一直以来财政部、人民银行、审计署对地方政府隐性债务认定和统计标准不统一，导致无法摸清隐性债务的真正规模以及判断由此衍生的风险。

面对地方政府隐性债务各方面情况的不确定，2014年国务院及其他监管机构开始重视地方政府隐性债务问题，集中发文开始监管调控。2014年9月国务院发布了《关于加强地方政府性债务管理的意见》（下文称43号文件），作为化解地方政府隐性债务的纲领性文件，对地方政府债务进行限额管理，疏堵结合预防地方政府债务风险。随后，2014年10月，财政部发布《地方政府存量债务纳入预算管理清理甄别办法》，对截至2014年12月31日地方政府负有偿还义务的存量债务进行甄别清理，允许省级政府发行地方政府债券置换纳入预算管理的政府存量债务，对地方政府债务规模实施限额管理，并要求地方政府不得通过企事业单位等举债，明确区分政府和企业的责任。实现地方政府债务新老划断，老债务用地方政府债券置换，新债务不得采用除地方政府债券以外的方式举债。对截至2014年12月31日地方政府负有偿还责任的债务进行甄别，区分一般债务、专项债务和非政府债务，并在此基础上提出地方政府债务置换方案，实现地方政府债务新老划断。[①] 利用2015—2017年3年过渡期，中央对地方政府进行了大规模的债务置换。但是仍然有大量的存量地方政府债务，无法进行置换和处置，同时因为地方政府融资需求与《中华人民共和国预算法》和其他政策性规范文件规定的融资方式之间存在矛盾，地方政府隐性债务有继续增加的风险，并且举债方式更加隐秘，有向地方国企转移的趋势。

2020年全国财政工作会议上财政部强调要将防范化解地方政府隐性债务风险作为工作的重点，加强地方政府债务的管理，就必须遏制地方政府隐性债务的增长，加强以市场方式化解存量债务，理清地方政府举债的边界。2021年4月，国务院发布《关于进一步深化预算管理制度改革的意见》，强调严禁地方政府以企业债务形式增加隐性债务等。地方政府隐性债务风险的防范和化解直接关系到我国经济系统的平稳和国家的长治久安。其中，地方政府隐性债务防范和化解过程中面临的法律问题是重要的着力点，对法律问题的研究是防范化解工作有序、高效的保障。

一、地方政府隐性债务的概念

2015年以前我国只有所谓的地方政府性债务的概念，根据国务院发布的《关于做好全国政府性债务审计工作的通知》规定，对地方政府性债务审计的范围主要包括以下三类[②]：一是地方政府负有偿还责任的债务，确定由财政资金偿还的债务，地方政府负有直接偿还责任的债务；[③] 二是地方政府直接或间

① 地方政府老债务可以用地方政府债券置换，新债务不得采用除地方政府债券以外的其他方式举借。

② 参见国务院办公厅：《关于做好全国政府性债务审计工作的通知》（国办发明电〔2013〕20号。

③ 《国务院办公厅关于做好地方政府性债务审计工作的通知》中地方政府负有偿还责任的债务主要包括：①地方政府债券、国债转贷、外债转贷、农业综合开发借款、其他财政转贷债务中确定由财政资金偿还的债务；②政府融资平台公司、政府部门和机构、经费补助事业单位、公用事业单位及其他单位举借、拖欠或以回购等方式形成的债务中，确定由财政资金（不含车辆通行费、学费等收入）偿还的债务；③地方政府粮食企业和供销企业政策性挂账。

接担保的债务，债务无法偿还时地方政府负有连带偿还责任的债务；① 三是地方政府负有救助责任的债务，地方政府融资平台、经费补助事业单位和公用事业单位为了公益性项目进行举债的，非由财政资金偿还的，也没有地方政府担保的债务，这类债务出现偿还危机时，地方政府可能需要承担救助责任。

2014 年 8 月 31 日全国人大常委会第十次会议对《中华人民共和国预算法》（以下简称《预算法》）第一次修订，修订后的《预算法》规定地方政府只能在国务院规定的限额内发行地方政府债券举借债务，并且这些债务资金只能用于公益性项目支出。地方政府及其所属部门除地方政府债券外不得以任何方式举债，不得以任何方式为任何单位和个人的债务提供担保。② 尽管《预算法》规定了地方政府举债方式、额度和使用目的，但随后财政部印发的《地方政府存量债务纳入预算管理甄别办法》③ 对适合的项目大力推广 PPP 模式，鼓励社会资本提供公共产品和服务并取得合理回报，导致 2015—2018 年 3 年间地方政府大量购买服务和 PPP 项目，其中存在政府违规担保等不规范行为，进一步增加了隐性债务风险隐忧。此时，我国政府债务管理部门仍然没有明确提出采取地方政府显性债务和隐性债务的分类维度。

2015 年财政部发布的《财政部关于对地方政府债务实行限额管理的实施意见》中提出，地方政府存量债务中通过银行贷款等非债券方式举债的部分，经过 3 年左右的过渡期，在省级额度内发行地方政府债券置换。《地方政府性债务风险分类处置指南》（下文称 152 号文件）④ 进一步明确地方政府债务的边界，对地方政府债券形式的债务，地方政府承担全部责任，非债券形式的存量债务，可以用地方政府债券置换。对于或有债务，地方政府不承担偿债

---

① 《国务院办公厅关于做好地方政府性债务审计工作的通知》中地方政府负有担保责任的债务主要包括：①政府融资平台公司、经费补助事业单位、公用事业单位和其他单位举借，确定以债务单位事业收入（含学费收入）、经营收入（含车辆通行费收入）等非财政资金偿还，且地方政府（含政府部门和机构）提供直接或间接担保的债务。②地方政府（含政府部门和机构）举借，以非财政资金偿还的债务，视同政府担保债务。

② 参见《中华人民共和国预算法》第三十五条。

③ 发布文号为财预〔2014〕351 号，发布时间为 2014 年 10 月 23 日，发文目的是清理和甄别截至 2014 年 12 月 31 日尚未清偿完毕的债务，为将政府债务分门别类纳入全口径预算管理奠定了基础。

④ 发布文号为财预〔2016〕152 号，发布时间为 2016 年 11 月 3 日。

责任。[①] 2017年7月24日召开的中共中央政治局会议强调“要积极稳妥化解积累的地方政府债务风险，有效规范地方政府举债融资，坚决遏制隐性债务增量”，这是我国地方政府债务管理中首次提到隐性债务，意味着债务管理开始采取一个新的债务分类维度。

（一）地方政府隐性债务的内涵

隐性债务在地方政府债务风险管理的发展历史中并不令人陌生，是债务管理关注的重点。1992年哈维·罗森提出了政府隐性债务的概念，1998年Hana Polackova Brixi在财政风险矩阵分析框架中，将政府债务分为显性债务和隐性债务[②]、直接债务和或有债务两个维度四类负债，构建了较为清晰的隐性债务的理论框架（见表1－1）。

表1－1　Hana Polackova Brixi政府债务矩阵[③]

政府债务类型	直接债务	显性债务
	地方政府明确承担偿还责任的契约型债务，偿还责任可能现期发生，也可能将来预期确定发生	或有债务 随机事件引发的债务，发生概率取决于外生因素[①]，也取决于内生因素[②]
1. 政府担保的下级政府、国有或私人部门的非主权债务。 2. 政府各种贷款担保。 3. 政府其他担保。[③] 4. 政府保险计划	法律或合同确认的债务，此类债务到期时，地方政府必须履行偿还责任	1. 主权债务（政府签署合同的借款和发行的债券）。 2. 预算涵盖的、法定的、非随意性支出。 3. 法定的长期性支出，比如公务员工资及其养老金

---

① 属于政府出具的无效担保合同的，地方政府仅承担适当民事赔偿责任，但最多不应超过债务人不能清偿部分的1/2。

② 按照是否必然会发生分类。参见肖鹏，张斌．地方政府隐性债务成因、化解及开发性金融实践［J］．开发性金融研究，2019（6）：88－96．该文认为除了直接显性债务外，直接隐性债务、或有显性债务和或有新兴债务在我国也属于隐性债务的范畴。

③ 韩文琰．中国地方政府隐性债务风险的忧思［M］．北京：中国财政经济出版社，2021：17．

续表

政府债务类型	直接债务	显性债务
隐性债务 非法律意义上的政府债务，是建立在公众利益或政治压力等基础上的政府道义负担	1. 公共投资项目的未来维护成本。 2. 非法定未来公共养老金支出。 3. 非法定未来医疗保险支出。 4. 非法定其他社会保障支出	1. 非担保的下级政府债务违约。 2. 非担保的国有或私人企业事业的债务违约。 3. 银行危机的救助。 4. 非担保的养老保险基金、失业保险基金或社会保险基金的危机救助。 5. 中央银行无力履行义务。 6. 私人资本外逃的救助要求。 7. 突发性环境破坏、灾害救济和军事支出等

注：①比如自然灾害。
②比如地方政府为企业贷款提供担保的连带责任。
③比如贸易、汇率、对外国政府主权债权、私人投资等。

国内有学者（刘尚希）在研究中运用财政风险矩阵理论，在2004年对我国隐性负债规模进行了一次较为系统和全面的估算，并给出了隐性债务一个大致的范围，认为隐性债务包括社会保障资金缺口、农村社会保障缺口、公共投资项目未来的资本性和经常性支出等隐性直接负债，以及金融机构支付危机的救助、国有企业未来弥补亏损、拖欠企业在职职工工资、拖欠下岗职工和农民工的工资、自然灾害等突发性公共事件等隐性或有债务。① 但有的学者认为我国地方政府隐性债务的成因复杂，难以严格对照Hana的政府债务矩阵进行分类。对此，国内一些学者从自己的研究角度对地方政府隐性债务概念进行了界定（见表1－2）。

表1－2　国内9位学者对地方政府隐性债务的界定②

序号	学者	地方政府隐性债务的界定
1	安秀梅（2002）	下级政府的财政缺口和债务，对地方金融机构未偿债务的最后清偿，政府性基金违规运作形成的亏损，对地方国有商业银行的救助，对非公有部门债务的清偿，对自然灾害和突发事件的超常救援等

① 刘骅．地方政府隐性债务风险与审计治理［M］．北京：中国财政经济出版社，2021：28.
② 韩文琰．中国地方政府隐性债务风险的忧思［M］．北京：中国财政经济出版社，2021：19－23.

续表

序号	学者	地方政府隐性债务的界定
2	刘少波、黄文清（2008）	地方政府担保的外债、地方政府融资、县乡政府债务、国债项目配套资金以及政策性债务等
3	赵全厚（2018）	明确出函增信地方政府融资平台债务；棚改、精准扶贫、移民、易地搬迁的项目中政府购买服务形成的债务；规范的 PPP 模式中若社会资本方失败时政府负有的公共责任；国有企业的债务；非国有企业濒临破产倒闭时政府救助的责任；地方政府独资、入股成立的资产管理公司，以及投资建设公司的债务
4	刘尚希（2018）	地方政府隐性债务主要为或有债务，具体包括建设性债务、消费性债务和政策性融资担保，涉及范围比较广，如地方融资平台公司债务、政府与社会资本合作项目（PPP）债务、棚改债务、政府购买服务项目债务、地方“僵尸国企”债务、金融扶贫项目债务、养老金缺口、政策性融资担保等，都属于政府隐性债务范围
5	张旭、成睿（2019）	通过融资平台、国有企业或事业单位主体，直接介入或者通过回购、担保等信用支持形成的，由财政资金偿还的债务
6	温来成、李婷（2019）	从政府职能角度定义隐性债务，他们认为隐性债务更多地体现为政府对社会的责任与义务，认为隐性债务认定的难点主要集中于：地方国有企业、金融机构不良资产；棚户区改造、易地搬迁安置项目负债；PPP 项目中政府支出责任；违规变相举债形成的债务；工程拖欠款
7	封北麟（2018）	隐性债务可能是政府为规避法律、法规以及政策约束，运用各类金融工具，安排复杂交易结构，嵌套多层债权债务关系，达到隐藏地方政府变相举债、实质融资目的的债务，也可能是政府出于道义责任、迫于公众预期和对政府角色理解而承担的政府支出义务
8	吉富星（2018）	从结果考察政府隐性债务的实质，即隐性债务为法定政府债务限额之外的不规范政府融资，地方政府直接约定或承诺以财政资金偿还，或违规提供担保（含流动性支持、差额补足），或以承担救助责任等方式举借的债务或表外负债
9	韩文琰（2021）	未反映在地方政府资产负债表中，但需要地方政府未来偿还的潜在义务或可能偿还的或有债务与兜底债务，主要包括三类：第一，出于地方政府自身责任应承担的偿还义务，比如养老金缺口、医疗保险缺口等社会保障支出；第二，出于政府道义应承担的、金融救助行为产生的或有的兜底债务；第三，担保形成的或有债务

隐性债务的概念和范围在具体债务管理中始终存在争议，直到 2015 年《预算法》的颁布，隐性债务的概念和范围才被厘清。我国地方政府隐性债务

的内涵可以从《预算法》法条推导出来，虽然《预算法》没有直接规定隐性债务的内涵，但《预算法》从正面规定了省、自治区、直辖市只能在国务院确定的限额内发行政府债券进行举债，这部分债务可以列入本级预算调整方案，报本级人民代表大会常务委员会批准。①笔者根据《预算法》第三十五条规定的内容，推导出地方政府隐性债务的概念——凡是地方政府以非债券形式举借的债务或发行债券超出国务院确定的限额，债务不能列入地方政府预算的，地方政府负有偿还、担保或救助义务的债务是地方政府隐性债务。综上所述，地方政府隐性债务的概念和范围随着政府债务管理需要会有细微的调整，不同时期、不同研究领域的学者对这个问题的认识和研究重点也略有不同，本书仅从法律规制的视角对此进行研究，帮助政府债务管理部门明确法律规制思路。

（二）与地方政府隐性债务相关的概念

与地方政府隐性债务相关的概念主要有地方政府显性债务、地方政府性债务，这些概念看上去相似，但它们是完全不同的概念，在不同的语境下使用，有必要放在一起辨析，有利于进一步明确地方政府隐性债务的概念。

1. 地方政府显性债务

与地方政府隐性债务和地方政府性债务相比，地方政府显性债务的概念相对简单、清晰，从法律层面定义，地方政府显性债务是指按照合同约定或法律规定，地方政府向债权人承担的资金偿付义务。但《预算法》第三十五条对地方政府及其所属部门举借债务的方式有明确的规定，只能在国务院确定的限额内，通过发行地方政府债券的方式举借债务，并且这部分债务可以

① 参见《预算法》第三十五条："地方各级预算按照量入为出、收支平衡的原则编制，除本法另有规定外，不列赤字。经国务院批准的省、自治区、直辖市的预算中必需的建设投资的部分资金，可以在国务院确定的限额内，通过发行地方政府债券举借债务的方式筹措。举借债务的规模，由国务院报全国人民代表大会或者全国人民代表大会常务委员会批准。省、自治区、直辖市依照国务院下达的限额举借的债务，列入本级预算调整方案，报本级人民代表大会常务委员会批准。举借的债务应当有偿还计划和稳定的偿还资金来源，只能用于公益性资本支出，不得用于经常性支出。除前款规定外，地方政府及其所属部门不得以任何方式举借债务。除法律另有规定外，地方政府及其所属部门不得为任何单位和个人的债务以任何方式提供担保。国务院建立地方政府债务风险评估和预警机制、应急处置机制以及责任追究制度。国务院财政部门对地方政府债务实施监督。"

列入地方政府财政预算。总结归纳《预算法》规定的地方政府显性债务的判断条件，具体包括：第一，举债方式。只能通过发行地方政府债券的方式举债。第二，举债范围。在国务院确定的债券限额内举债。第三，举债程序。举借的债务列入本级预算调整方案，报本级人民代表大会常务委员会批准。《预算法》将按照合同约定将地方政府债务排除在地方政府显性债务之外，地方政府及其所属部门只能根据法律规定向政府债券持有人还本付息。综上所述，地方政府显性债务涵盖的债务范围较窄，仅指法律明确规定的政府债券形式，在国务院确定的限额内，可以列入预算的地方政府直接负有的偿付义务的债务，不包括地方政府及其所属部门承担的或有债务。

2. 地方政府性债务

与其他几个概念相比，地方政府性债务的范围最广，参照国务院相关规定，地方政府性债务主要分为以下四类：地方政府负有偿还责任的债务、负有担保责任的债务、承担一定救助责任的其他相关债务、通过新的举债主体和举债方式形成的债务。详情见表1－3。

表1－3　省、市、县政府性债务的分类与界定①

债务类别	范围界定
地方政府负有偿还责任的债务	地方政府（含政府部门和机构，下同）、经费补助事业单位、公用事业单位、政府融资平台公司和其他相关单位举借，确定由财政资金偿还的债务。包含三类： 一是地方政府债券、国债转贷、外债转贷、农业综合开发借款、其他财政转贷债务中确定由财政资金偿还的债务。 二是政府融资平台公司、政府部门和机构、经费补助事业单位、公用事业单位及其他单位举借、拖欠或以回购（BT）等方式形成的债务中，确定由财政资金（不含车辆通行费、学费等收入）偿还的债务。 三是地方政府粮食企业和供销企业政策性挂账

① 资料来源于《国务院办公厅关于做好全国政府性债务审计工作的通知》（国办发明电〔2013〕20号）。

续表

债务类别	范围界定
地方政府负有担保责任的债务	因地方政府提供直接或间接担保，当债务人无法偿还债务时，政府负有连带偿债责任的债务。主要包括两类： 一是政府融资平台、经费补助事业单位、公用事业单位和其他单位举借，确定以债务单位事业收入（含学费、住宿费等教育收费收入）、经营收入（含车辆通行费收入）等非财政资金偿还，且地方政府提供直接或间接担保的债务。 二是地方政府举借，以非财政资金偿还的债务，视同政府担保债务
地方政府可能承担一定救助责任的其他相关债务	政府融资平台公司、经费补助事业单位和公用事业单位为公益性项目举借，由非财政资金偿还，且地方政府未提供担保的债务（不含拖欠其他单位和个人的债务）。政府在法律上对该类债务不承担偿还责任，但当债务人出现债务危机时，政府可能需要承担救助责任
通过新的举债主体和举债方式形成的地方政府性债务	在上述三类债务范围之外，通过新的举债主体和举债方式形成的地方政府性债务。主要包括： 一是全额拨款事业单位为其他单位提供直接或间接担保，且由非财政资金偿还的政府负有担保责任的债务。 二是政府融资平台公司、经费补助事业单位和公用事业单位通过融资租赁、集资、回购（BT）、垫资施工、延期付款或拖欠等新的方式形成，用于非市场化方式运营的公益性项目，由非财政资金偿还，且地方政府及其全额拨款事业单位未提供担保的其他相关债务。 三是国有独资或控股企业（不含地方政府融资平台公司）、自收自支事业单位等新的举债主体，通过举债、融资租赁、集资、回购（BT）、垫资施工、延期付款或拖欠等方式形成的，用于公益性项目，由非财政资金偿还，且地方政府及其全额拨款事业单位未提供的其他相关债务。其中新的举债主体用于公益性项目的债务仅包括用于交通运输（铁路、公路、机场、港口等）、市政建设（地铁、城市道路、公共交通、广场、问题场馆、绿化、污水及垃圾处理等）、保障性住房、土地收储整理等债务，不包括企业法人和自然人投资完全按照市场化方式运营项目形成的债务

地方政府因承担担保责任和救助责任而产生的债务又被称为或有债务，这部分债务是地方政府隐性债务产生的温床。从这个维度对地方政府性债务准确定义不难，但进行全面、综合的认定和分类却相当困难。2010 年、2011 年审计署组织全国各省市县对地方政府性债务开展审计调查，工作方案中对地方政府性债务的定义为："地方政府（含政府部门和机构）、经费补助事业、公用事业单位、融资平台公司等为公益性（基础性）项目建设直接借入、拖欠或因提供担保、回购等信用支持形成的债务，以及地方政府（含政府部门

和机构）为竞争性项目建设直接借入、拖欠或因提供担保、回购等信用支持形成的债务。”① 审计署工作方案中给出的定义具有指导作用，明确界定了审计主体的范围②以及举债的主要方式③，但是采用穷举的方式很难囊括所有地方政府性债务。因此，本书认为采用责任分类法④对地方政府性债务进行定义更准确。

综上所述，在我国地方政府债务管理过程中采取何种债务分类方式，不仅会影响财务审计工作，还会影响法律、行政法规、地方性法规、部门规章等其他规范性文件的规范思路。因此，我们从法律角度探讨防范和化解地方政府隐性债务风险，必须准确定义地方政府隐性债务、地方政府显性债务和地方政府性债务等基本法律概念，在这些法律概念基础上才能进一步展开研究。

二、地方政府隐性债务的类型

按照时间与标准的不同，地方政府债务分类有不同的变化，这种变化不仅代表着监管部门统计标准的变化，也代表了对地方政府债务风险防范重点的变化，本书认为有必要对此认真梳理。

① 张苏隽．浅析地方政府性债务的认定与分类标准［EB/OL］．［2020－06－02］．http://www.audit.gov.cn/n6/n41/c19027/content.html.

② 地方政府（含政府部门和机构）、经费补助事业单位、公用事业单位和融资平台公司四类主体。

③ 主要是通过直接借入、拖欠或担保、回购等方式举债。

④ 审计署在2010年审计中的一种分类：（1）政府负有直接偿债责任的显性债务：一是，地方政府直接举借的债务；二是，上级财政转贷给地方政府，用于无收益的公益性项目的债务；三是，经费补助事业单位、公用事业单位、融资平台公司举借的，已明确由财政性资金直接偿还的债务。（2）政府负有担保责任的或有显性债务：一是，上级财政转贷给地方政府，用于有经营收益的项目的债务；二是，地方政府（含政府部门和机构）为融资平台公司等单位贷款或发行企业债券进行担保（含担保和以承诺函、宽慰函等文件提供信用支持的变相担保）或提供回购信用支持形成的债务。（3）政府负有兜底责任的或有隐性债务：一是，经费补助事业单位、公用事业单位为公益性（基础性）项目建设举借的，政府未确认承担直接还款责任，也未提供担保的债务；二是，融资平台公司为公益性（基础性）项目建设举借的，政府未确认承担直接还款责任，也未提供担保的债务；三是，经费补助事业单位、公用事业单位、融资平台公司为公益性（基础性）项目建设提供担保形成的债务（不包括已作为被担保人直接债务反映的债务）。张苏隽．浅析地方政府性债务的认定与分类标准［EB/OL］．［2020－06－02］．http://www.audit.gov.cn/n6/n41/c19027/content.html.

（一）地方政府债务分类的变化

按照时间来看，地方政府债务有两种分类：一是2013年审计署对地方政府债务审计时提出的分类，将地方政府债务分为政府负有偿还义务的债务、或有担保债务、或有救助债务三类。[①] 对于政府负有偿还义务的债务，地方政府可用财政预算收入全额偿还，且在征得债权人同意后，可将2015年以前地方政府非债券形式的存量债务用长期低利率置换债券置换，可以减少地方政府的财政收支压力。关于或有债务的处置，《地方政府性债务风险应急处置预案》（国办函〔2016〕88号）（以下简称88号文件）另有规定。[②] 43号文件发布后，这种分类方式较少使用，因为2015年以后地方政府只能发行一般债券和专项债券举债融资。根据《预算法》的规定，地方政府新增债务原则上只有地方政府负完全偿还责任的这一类。

二是2017年以后各种与地方政府债务相关会议报告中屡次提及的地方政府显性债务和隐性债务的分类。显性债务较好理解，上文对其概念有专门的解释，本书对于隐性债务概念的总结是根据《预算法》中关于显性债务的内容推定而来的，关于隐性债务的治理文件有很多并未公开，对于隐性债务的概念没有一个确定的说明，只能通过《预算法》的内容确定。地方政府隐性债务从形态来看可以包括以下三种：第一种是地方政府为国企（融资平台）、机关事业单位、产业引导基金和PPP项目公司等主体融资提供担保，出具承诺函或担保函等文件的，以国企、机关事业单位等国有资产为企业融资提供担保的；第二种是地方政府将公益性或准公益性项目举借的债务，纳入地方财政预算支出范畴，由地方财政资金偿还；第三种是地方政府违背商业原则，

---

① 参见中华人民共和国审计署《审计结果公告》2013年第32号。

② 88号文件3.3.3 存量或有债务：(1) 存量担保债务。存量担保债务不属于政府债务。按照《中华人民共和国担保法》及其司法解释规定，除外国政府和国际经济组织贷款外，地方政府及其部门出具的担保合同无效，地方政府及其部门对其不承担偿债责任，仅依法承担适当民事赔偿责任，但最多不应超过债务人不能清偿部分的二分之一；担保额小于债务人不能清偿部分二分之一的，以担保额为限。具体金额由地方政府、债权人、债务人参照政府承诺担保金额、财政承受能力等协商确定。(2) 存量救助债务。存量救助债务不属于政府债务。对政府可能承担一定救助责任的存量或有债务，地方政府可以根据具体情况实施救助，但保留对债务人的追偿权。

为 PPP 项目、产业引导基金、政府购买服务等项目承担中长期固定的财政支出责任，包括承诺最低收益、承诺本金回购等。

（二）地方政府隐性债务的类型

提到地方政府隐性债务的类型，绕不开一个核心问题，即该如何解决地方政府事权财权不匹配的问题，缓解地方政府缺钱的现状。为了解决这个问题，中央和地方一直在融资方式上进行博弈，一时鼓励一时规范，一种融资方式大范围铺开发现问题后，就会进入政策调整期，调整和规范的同时探索新的融资方式。回顾这几十年地方政府融资历史，所谓隐性债务主要融资方式在不同发展时期呈现阶段性特征。通过表 1－4 可以直观地了解 2008 年以来国家对融资平台从支持到规范的监管态度，金融危机以来从融资平台到 PPP 项目，再到政府性产业投资基金和政府购买服务的方式的转变体现了国家在不同阶段对地方政府债务融资行为的引导和规范。

表 1－4　地方政府融资方式变化及相关政策文件和要点①

阶段	发文时间	政策文件	主要内容	规范重点
支持融资平台阶段	2008 年 1 月 2 日	《国家发展改革委关于推进企业债券市场发展、简化发展核准程序有关事项的通知》（发改财金〔2008〕7 号）	推动企业债券市场化发展，扩大企业债券发行规模，对企业债券发行核准程序进行改革，将先核定规模、后核准发行两个环节简化为直接核准发行一个环节	简化企业债发行程序，推动企业债市场发展
	2008 年 12 月 8 日	《关于当前金融促进经济发展的若干意见》（国办发〔2008〕126 号）	扩大债券发行规模，积极发展企业债、公司债、短期融资券和中期票据等债务融资工具。优先安排与基础设施、民生工程、生态环境建设和灾后重建等相关的债券发行	鼓励支持地方建立投融资平台，进行银企合作，拓宽中央政府投资项目配套投融资渠道

① 胡松恒，韩瑞姣，彭红娟，等．隐性债务视角下的城投转型：中国地方政府投融资平台转型发展研究 2019［M］．北京：经济管理出版社，2020：35－45．

续表

阶段	发文时间	政策文件	主要内容	规范重点
支持融资平台阶段	2009年3月18日	《关于进一步加强信贷结构调整促进国民经济平稳较快发展的指导意见》(银发〔2009〕92号)	鼓励地方政府通过增加地方财政贴息、完善信贷奖补机制、设立合规的政府投融资平台等多种方式，吸引和激励银行业金融机构加大对中央投资项目的信贷支持力度。支持有条件的地方政府组建投融资平台，发行企业债、中期票据等融资工具，拓宽中央政府投资项目的配套资金融资渠道	鼓励支持地方建立投融资平台，进行银企合作，拓宽中央政府投资项目配套投融资渠道
	2009年10月12日	《关于加快落实中央扩大内需投资项目地方配套资金等有关问题的通知》(财建〔2009〕631号)	1. 地方各级财政部门要统筹安排财力，切实保证中央扩大内需投资项目地方政府配套资金及时落实到位，推动实现扩大内需促进经济增长战略目标。地方政府债券资金要优先用于中央扩大内需投资公益性项目地方政府配套。 2. 地方政府债券资金在满足中央扩大内需投资公益性项目地方政府配套需求后，可用于其他难以吸引社会投资的公益性建设项目	推动扩大内需战略目标，明确提出可利用政府融资平台，通过市场机制筹措资金。地方债券资金优先用于中央进行配套
规范阶段	2009年11月6日	《关于坚决制止财政违规担保向社会公众集资行为的通知》(财预〔2009〕388号)	禁止政府融资平台公司等主体由财政担保，向行政事业单位职工等社会公众集资，用于开发区、工业园等的拆迁及基础设施建设	由于地方债务、财政风险积累，禁止政府融资平台公司等主体由财政担保

续表

阶段	发文时间	政策文件	主要内容	规范重点
规范阶段	2010年6月10日	《国务院关于加强地方政府融资平台公司管理有关问题的通知》（国发〔2010〕19号）	1. 地方各级政府要对融资平台公司债务进行一次全面清理，并按照分类管理、区别对待的原则，妥善处理债务偿还和在建项目后续融资问题。 2. 经地方政府审核后，对还款来源主要依靠财政性资金的公益性在建项目，除法律和国务院另有规定外，不得再继续通过融资平台公司融资，应通过财政预算等渠道，或采取市场化方式引导社会资金解决建设资金问题	2010年开启严监管时代。全面清理不合规平台债务，分类管理，区别对待。适当提高平台公司贷款风险权重，严禁地方政府提供违规隐性担保
	2010年7月30日	《关于〈贯彻国务院关于加强地方政府融资平台公司管理有关问题的通知〉相关事项的通知》（财预〔2010〕412号）	1. 清理核实截至2010年6月30日，融资平台公司通过直接借入、拖欠或因提供担保、回购等信用支持形成的债务。 2. 融资平台公司债务经清理核实后按以下原则分类：融资平台公司因承担公益性项目建设运营举借、主要依靠财政性资金偿还的债务；融资平台公司因承担公益性项目建设运营举借、项目本身有稳定经营性收入并主要依靠自身收益偿还的债务；融资平台公司因承担非公益性项目建设运营举借的债务	实行"新老划断"、划分平台类型，区分管理

续表

阶段	发文时间	政策文件	主要内容	规范重点
规范阶段	2010年11月20日	《国家发展改革委办公厅关于进一步规范地方政府投融资平台公司发行债券行为有关问题的通知》（发改办财金〔2010〕2881号）	1. 继续支持符合条件的投融资平台公司通过债券市场直接融资。 2. 防范投融资平台公司债券融资风险，提高自营性经济收入，其偿债资金来源70%以上（含70%）必须来自公司自身收益。 3. 各地方政府及其所属部门不得为平台提供担保或增信	要求防范债券融资风险，提高自营性经济收入，偿债资金70%以上（含70%）必须来自企业自身收益
	2011年3月31日	《关于切实做好2011年地方政府融资平台贷款风险监督工作的通知》（银监发〔2011〕34号）	1. 健全“名单制”管理系统，银行在前期清理规范基础上进行名单制管理，报送监管机构并动态管理。 2. 建立总行集中审批制度，制定审慎的平台信贷准入标准，建立季度贷后管理机制，及时采取防范风险的措施。 3. 全面推进平台整改，切实强化平台贷款约束，统一实施平台现场检查	强化平台整改，建立名单制管理，集中审批，有利于控制债务规模
	2011年10月17日	《关于印发〈2011年地方政府自行发债试点办法〉的通知》（财库〔2011〕141号）	试点省（市）在国务院批准的发债规模限额内，自行组织发行本省（市）政府债券的发债机制	部分省市获准开展地方政府自行发债试点，地方政府债发行向规范化推进，地方政府债务和企业融资平台开始逐渐脱钩

续表

阶段	发文时间	政策文件	主要内容	规范重点
规范阶段	2011 年 6 月 17 日	《关于地方政府融资平台贷款监管有关问题的说明》（银监办发〔2011〕191 号）	1. 对平台贷款要按照“保在建、压重建、禁新建”的总体思路，将有限的信贷资源着重用于生产经营性的项目建成完工和投产上，严格按照政策要求管控新增平台贷款，以实现全年“降旧控新”的总体目标。 2. 各银行应建立符合自身经营实际情况的融资平台“名单制”管理系统，并向监管部门备案。不得向该名单之外的融资平台发放贷款	“保在建、压重建、禁新建”，严格按照政策要求管控新增平台贷款，各银行进行融资平台“名单制”管理
	2012 年 7 月 13 日	《关于加强 2012 年地方政府融资平台贷款风险监管的指导意见》（银监发〔2012〕12 号）	以缓释风险为目标，以降旧控新为重点，以现金流覆盖率为抓手，继续推进地方政府投资平台贷款风险化解工作	银行间交易商协会放松可发债名单，推动平台新增类贷款投向 5 个方面，地方融资平台压力稍缓
	2012 年 12 月 24 日	《关于制止地方政府违法违规融资行为的通知》（财预〔2012〕463 号）	1. 地方政府对融资平台公司注资必须合法合规，不得将政府办公楼、学校、医院、公园等公益性资产作为资本注入融资平台公司。 2. 不得授权融资平台公司承担土地储备职能和进行土地储备融资。 3. 坚决制止地方政府违规担保承诺行为	规范地方政府对融资平台注资、职能和担保等行为

续表

阶段	发文时间	政策文件	主要内容	规范重点
规范阶段	2013 年 4 月 19 日	《国家发展改革委关于进一步改进企业债券发行审核工作的通知》（发改办财金〔2013〕957 号）	1. 进一步改进企业债券发行审核工作，更好地发挥企业债券融资在我国经济“稳增长、调结构、转方式”中的导向作用。 2. 对企业信用等级较低，负债率高，债券余额较大或运作不规范、资产不实、偿债能力较弱的发债申请从严审核。 3. 适当控制发债规模和节奏	进一步改进企业债券发行审核工作，将企业债发行申请分类管理并专项核查，企业债发行因此出现进一步回落
	2013 年 8 月 2 日	《国家发展改革委办公厅关于进一步改变企业债券发行工作的通知》（发改办财金〔2013〕1890 号）	将地方企业申请发行企业债券预审工作委托省级发展改革部门负责	将企业债预审工作下放至省级发改部门，企业债的审批效率提升
	2014 年 4 月 30 日	《关于 2014 年深化经济体制改革重点仼务的意见》（国发〔2014〕18 号）	规范政府举债融资制度。开明渠、堵暗道，建立以政府债券为主体的地方政府举债融资机制，剥离融资平台公司政府融资职能	开明渠、堵暗道，建立以政府债券为主体的地方政府举债融资机制，剥离融资平台公司政府融资职能，建立考核问责机制等配套制度
	2014 年 9 月 21 日	《国务院关于加强地方政府性债务管理的意见》（国发〔2014〕43 号）	1. 明确政府和企业的责任，政府债务不得通过企业举借，企业债务不得推给政府偿还，切实做到谁借谁还、风险自担。政府与社会资本合作的，按约定规则依法承担相关责任；推广使用政府与社会资本合作模式。	43 号文件标志着监管层全面加强地方政府性债务管理，同时赋予地方政府依法适度举债权限，剥离融资平台公司政府融资职能，核心目的在于切实厘清地方政府与城投平台关系

续表

阶段	发文时间	政策文件	主要内容	规范重点
规范阶段	2014 年 9 月 21 日	《国务院关于加强地方政府性债务管理的意见》（国发〔2014〕43 号）	2. 鼓励社会资本通过特许经营等方式，参与城市基础设施等有一定收益的公益性事业投资和运营。政府通过特许经营权、合理定价、财政补贴等事先公开的收益约定规则，使投资者有长期稳定收益；加强政府或有债务监管。剥离融资平台公司政府融资职能，融资平台公司不得新增政府债务	
	2014 年 10 月 23 日	《地方政府存量债务纳入预算管理清理甄别办法》（财预〔2014〕351 号）	1. 为贯彻落实《国务院关于加强地方政府性债务管理的意见》（国发〔2014〕43 号），做好地方政府存量债务纳入预算管理清理甄别工作，制定本办法。 2. 认真甄别筛选融资平台公司存量项目，对适宜开展政府与社会资本合作（PPP）模式的项目，要大力推广 PPP 模式	要求对地方政府存量债务进行甄别，区分政府债务和非政府债务，再次明确提出各地政府与平台间的信用输送连带关系
	2015 年 5 月 27 日	《关于充分发挥企业债券融资功能支持重点项目建设促进经济平稳较快发展的通知》（发改办财金〔2015〕1327 号）	1. 为进一步发挥企业债券在促投资、稳增长中的积极作用，支持重点领域和重点项目融资，促进经济平稳较快发展。	放宽企业债发行条件，简化发债审核审批程序，鼓励优质企业发债用于重点领域和重点项目，支持县域企业发行企业债券融资

续表

阶段	发文时间	政策文件	主要内容	规范重点
规范阶段	2015年5月27日	《关于充分发挥企业债券融资功能支持重点项目建设促进经济平稳较快发展的通知》(发改办财金〔2015〕1327号)	2. 在严格防范风险的基础上，更加有效地发挥企业债券的直接融资功能，扩大企业债券融资规模，大力支持市场化运营、资产真实有效的企业以自身信用为基础发行企业债券融资，支持企业加快结构调整和转型升级，支持企业以各种形式参与基础设施投资建设	
	2016年10月27日	《地方政府性债务风险应急处置预案》(国办函〔2016〕88号)	1. 存量担保债务不属于政府债务。除外国政府和国际经济组织贷款外，地方政府及其部门出具的担保合同无效，地方政府及其部门对其不承担偿债责任，仅依法承担适当民事赔偿责任。 2. 对政府可能承担一定救助责任的存量或有债务，地方政府可以根据具体情况实施救助，但保留对债务人的追偿权。 3. 对非政府债券形式的存量债务，经地方政府、债权人、企事业单位等主体协商一致，可在规定期限内置换为政府债券	要求对地方政府性债务分级负责、分类处置，对于存量或有债务和新发生的违规担保债务，政府不负责清偿；对于地方政府举借的债务，中央不救助

续表

阶段	发文时间	政策文件	主要内容	规范重点
规范阶段	2017年4月26日	《关于进一步规范地方政府举债融资行为的通知》（财预〔2017〕50号）	1. 全面组织开展地方政府融资担保清理整改工作。 2. 允许地方政府以单独出资或与社会资本出资方式设立各类投资基金，依法实行规范的市场化运作，按照利益共享、风险共担的原则，引导社会资本投资经济社会发展的重点领域和薄弱环节，政府可适当让利。 3. 地方政府不得以借贷资金出资设立各类投资基金，严禁地方政府利用PPP、政府出资的各类投资基金等方式违法违规变相举债	进一步规范地方政府举债融资担保行为，要求全面展开清理整顿工作；允许地方政府设立投资基金；明确平台和政府边界
	2017年6月27日	《关于试点发展项目收益与融资自求平衡的地方政府专项债券品种的通知》（财预〔2017〕89号）	1. 完善地方政府专项债券管理，加快按照地方政府性基金收入项目分类发行专项债券步伐，发挥政府规范举债促进经济社会发展的积极作用。 2. 指导地方按照本地区政府性基金收入项目分类发行专项债券，着力发展实现项目收益与融资自求平衡的专项债券品种。 3. 优先选择土地储备、政府收费公路两个领域在全国范围内开展试点	进一步强化了专项债券信息披露要求信息透明度，有利于增强投资者识别和评估风险的能力；丰富地方政府债券品种，完善地方政府债券发行机制，提升地方政府债券市场化程度，吸引更多的社会资本投资地方政府债券，发展和完善地方政府债券市场

续表

阶段	发文时间	政策文件	主要内容	规范重点
规范阶段	2017 年 11 月 10 日	《关于规范政府和社会资本合作（PPP）综合信息平台项目库管理的通知》（财办金〔2017〕92 号）	1. 防止 PPP 异化为新的融资平台，坚决遏制隐性债务风险增量。 2. 及时纠正 PPP 泛化滥用现象，进一步推进 PPP 规范发展，着力推动 PPP 回归公共服务创新供给机制的本源。 3. 应按项目所处阶段将项目库分为项目储备清单和项目管理库，将处于识别阶段的项目，纳入项目储备清单，重点进行项目孵化和推介。 4. 将处于准备、采购、执行、移交阶段的项目，纳入项目管理库，按照 PPP 相关法律法规和制度要求，实施全生命周期管理，确保规范运作	规范 PPP 领域政府投资基金明股实债等后门，进一步堵暗道、去杠杆、防风险
	2018 年 2 月 8 日	《关于进一步增强企业债券服务实体经济能力严格防范地方债务风险的通知》（发改办财金〔2018〕194 号）	1. 申报企业应当依托自身信用制定本息偿付计划和落实偿债保障措施，确保债券本息按期兑付，切实做到“谁借谁还、风险自担”。严禁申报企业以各种名义要求或接受地方政府及其所属部门为其市场化融资行为提供担保或承担偿债责任。 2. 必须把地方财政承受能力和中长期财政可持续作为重要约束条件，坚决杜绝脱离当地财力可能进行财政资金支持。 3. 纯公益性项目不得作为募投项目申报企业债券	再次强调申请严约束，政企分离，市场化运营，“谁借谁还”

续表

阶段	发文时间	政策文件	主要内容	规范重点
规范阶段	2018年3月28日	《关于规范金融企业对地方政府和国有企业投融资行为有关问题的通知》(财金〔2018〕23号)	1. 国有金融企业向参与地方建设的国有企业（含地方政府融资平台公司）或PPP项目提供融资，应按照“穿透原则”加强资本金审查，确保融资主体的资本金来源合法合规，融资项目满足规定的资本金比例要求。 2. 不得要求或接受地方政府及其部门以任何方式提供担保、承诺回购投资本金、保本保收益等兜底安排，或以其他方式违规承担偿债责任。 3. 不得要求或接受地方政府及其部门作出承诺回购投资本金、保本保收益等兜底安排，不得通过结构化融资安排或采取多层嵌套等方式将投资基金异化为债务融资平台。 4. 不得要求或接受地方政府以任何方式提供兜底安排或以其他方式违规承担偿债责任，不得变相为地方政府提供融资。 5. 不得以地方政府承诺回购、保证最低收益等隐含无风险条件，作为营销手段	对国有金融企业提出“四不得”，严格规范金融企业对于地方政府和国有企业投融资行为。政策以防范风险为目的，城投企业再融资受到限制

续表

阶段	发文时间	政策文件	主要内容	规范重点
规范阶段	2018 年 12 月 5 日	《国家发展改革委关于支持优质企业直接融资进一步增强企业债券服务实体经济能力的通知》（发改财金〔2018〕1806 号）	1. 支持信用优良、经营稳健、对产业结构转型升级或区域经济发展具有引领作用的优质企业发行企业债券。 2. 优质企业债券申报阶段，对债券资金用途实行正负面清单管理。 3. 各省级发展改革部门可结合各地发展实际，主动服务，积极引导区域内优质企业开展企业债券直接融资，将债券募集资金投向符合国家产业政策的实体经济领域	支持优质企业发行企业债券，优化企业债发行方式，政策继续边际放松，进一步保障融资平台公司合理融资需求
	2018 年	《关于防范化解地方政府隐性债务风险的意见》及《地方政府隐性债务问责办法》	未找到公开文件	针对政府存量隐性债务的处置、融资平台转型、国企负债约束机制和突破融资瓶颈等问题进行深入指导。打破了国有企业的预算软约束，让国有企业资产负债有了硬约束，为解决国有企业债务问题建立了长效机制

续表

阶段	发文时间	政策文件	主要内容	规范重点
规范阶段		《关于加强国有企业资产负债约束的指导意见》	1. 所有行业、所有类型国有企业均纳入资产负债约束管理体制，完善国有企业资产负债自我约束机制。厘清政府债务与企业债务边界。坚决遏制地方政府以企业债务的形式增加隐性债务。 2. 严禁地方政府及其部门违法违规或变相通过国有企业举借债务，严禁国有企业违法违规向地方政府提供融资或配合地方政府变相举债。 3. 违法违规提供融资或配合地方政府变相举债的国有企业，应当依法承担相应责任。多渠道盘活各类资金和资产，积极稳妥化解以企业债务形式形成的地方政府存量隐性债务，保障国有企业合法权益	再次明确政府债务与企业债务边界。坚决遏制地方政府以企业债务的形式增加隐性债务；积极稳妥地化解地方债务风险
	2019年4月28日	《财政部办公厅关于梳理PPP项目增加地方政府隐性债务情况的通知》（财金办〔2019〕40号）	1. 坚决遏制假借PPP名义增加地方政府隐性债务风险。 2. 增加地方政府隐性债务的项目，应当中止实施或转为其他合法合规方式继续实施	

续表

阶段	发文时间	政策文件	主要内容	规范重点
规范阶段	2019年5月18日	《国务院关于推进国家级经济技术开发区创新提升打造改革开放新高地的意见》（国发〔2019〕11号）	1. 支持地方人民政府对有条件的国家级经开区开发建设主体进行资产重组、股权结构调整优化，引入民营资本和外国投资者，开发运营特色产业园等园区，并在准入、投融资、服务便利化等方面给予支持。 2. 积极支持符合条件的国家级经开区开发建设主体申请首次公开发行股票并上市	积极支持符合条件的国家级经开区开发建设主体IPO；支持并购重组、支持股权融资。目前全国有219个国家级经开区，理论上每个经开区都可以有多家建设主体上市
	2021年7月9日	《银行保险机构进一步做好地方政府隐性债务风险防范化解工作的指导意见》（银保监发〔2021〕15号）	1. 各银行保险机构要严格执行地方政府融资相关政策要求，打消财政兜底念头，强化合规管理、尽职调查，严禁新增或虚假化解地方政府隐性债务，切实把控好金融闸门。 2. 银行保险机构还应遵守以下要求：一是不得新提供流动资金贷款或流动资金贷款性质的融资；二是不得为其参与地方政府专项债券项目提供配套融资。 3. 提供的资金期限不得超过其对应的到期债务化解期限，规模不得超过对应到期债务本金余额，不得通过信托资金、流动资金贷款或其他流动资金贷款性质的融资置换存量隐性债务，不得置换明股实债类债务	为了减少发生系统性风险，防止新增地方政府隐性债务，建立完善风险检测体系，制定风险应对预案疏堵结合、精准施策，对新增或虚假化解的银行保险机构和负有责任的个人依法从严处罚

经过一段时间的政策调整，目前财政部与审计署就地方政府隐性债务认定标准达成了较为统一的口径，但并未对外公布具体的地方政府隐性债务认定细则。本书根据各地方政府发布的信息进行总结，除去还未实际出现的，超出国务院确定限额发行的债券外，产生地方政府隐性债务的项目大概分为以下几种类型：

1. 地方政府融资平台①

2008年金融危机爆发后融资平台成为地方政府筹措投资项目配套资金的重要主体，关于融资平台的定义，不同的政策性文件有所差别（见表1－5），本书对这些定义进行了归纳总结，概括出以下几个融资平台的特点：

表1－5　2010—2015年相关文件对融资平台的定义

发文时间	发文单位	文件名称	融资平台定义
2010年6月10日	国务院	《国务院关于加强地方政府融资平台公司管理有关问题的通知》（国发〔2010〕19号）	由地方政府及其部门和机构等通过财政拨款或注入土地、股权等资产设立，承担政府投资项目融资功能，并拥有独立法人资格的经济实体
2010年7月30日	财政部、发改委、人民银行、银监会	《关于贯彻国务院关于加强地方政府融资平台公司管理有关问题的通知相关事项的通知》（财预〔2010〕412号）	由地方政府及其部门和机构、所属事业单位等通过财政拨款或注入土地、股权等资产设立，具有政府公益性项目投融资功能，并拥有独立企业法人资格的经济实体，包括各类综合性投资公司，如建设投资公司、建设开发公司、投资开发公司、投资控股公司、投资发展公司、投资集团公司、国有资产运营公司、国有资本经营管理中心等，以及行业性投资公司，如交通投资公司等
2010年8月2日	银监会	《中国银监会办公厅关于地方政府融资平台贷款清查工作的通知》（银监办发〔2010〕244号）	包括综合性公司、行业性公司、政府性机构（包括政府组成部门及政府财政预算拨款的事业单位）、土储性公司（中心）四类

① 截至2019年5月20日，银保监会口径下全国共有11564家地方政府融资平台，中债登口径下有2100家平台公司，不同口径下的融资平台名单覆盖范围不同，并且无法完全覆盖所有的融资平台，所以只能给出平台的一些特征进行判断，尤其是在防范化解地方政府隐性债务语境下。

续表

发文时间	发文单位	文件名称	融资平台定义
2010 年 11 月 20 日	发改委	《国家发展改革委办公厅关于进一步规范地方政府投融资平台公司发行债券行为有关问题的通知》（发改办财金〔2010〕2881 号）	由地方政府及其部门和机构等通过财政拨款或注入土地、股权等资产设立，从事政府指定或委托的公益性或准公益性项目的融资、投资、建设和运营，拥有独立法人资格的经济实体
2011 年 6 月 17 日	银监会	《关于地方政府融资平台贷款监管有关问题的说明》（银监办发〔2011〕191 号）	由地方政府出资设立并承担连带还款责任的机关、事业、企业三类法人
2015 年 5 月 11 日	国务院办公厅	《国务院办公厅转发财政部人民银行银监会关于妥善解决地方政府融资平台公司在建项目后续融资问题意见的通知》（国办发〔2015〕40 号）	由地方政府及其部门和机构等通过财政拨款或注入土地、股权等资产设立，承担政府投资项目融资功能，并拥有独立法人资格的经济实体

第一，独立的法人主体。融资平台主要包括机关、事业和企业三类法人，其中较多的是企业法人，从《公司法》角度看拥有独立的人格和财产，是市场经济中的主体。

第二，财产来源特殊。融资平台的财产主要来源于地方政府及其部门和机构，所属事业单位财政拨款或注入土地、股权等资产，财产来源不同于市场中普通的法人，最初的财产来源于财政或国资。

第三，成立目的明确。地方政府成立融资平台的目的是为政府投资项目融资，① 执行地方政府意志。融资平台发挥了第二财政的作用，许多地方融资平台的融资工作是由本地财政部门协调指导完成的。

第四，政府信用背书。融资平台表面是独立的法人，本质上与政府职能部门区别不大，自身的经营状况不足以支撑其融资行为，需要政府信用背书。

① 融资平台服务对象范围不固定，随着政策变化而变化，国发〔2010〕19 号文件规定的服务对象是政府投资项目，财预〔2010〕412 号文件规定的服务对象是政府公益项目，发改办财金〔2010〕2881 号文件规定的服务对象是政府公益性或准公益性项目。另外，政府投资项目的定义也在变化，直到 2019 年 5 月 5 日《政府投资条例》中规定政府投资是指在中国境内使用预算安排的资金进行固定资产投资建设活动，包括新建、扩建、改建、技术改造等，并强调政府投资的资金投向应以非经营项目为主，明确了政府投资只能使用预算安排的资金。

因为融资平台主要是为公益性或准公益性项目融资，自身缺乏足够的盈利能力，现金流不足以偿本付息，需要财政的支持。

第五，没有纳入财政预算体系。融资平台集国资、金融、财政于一体，有效履行地方政府特殊的职责，得到政府信用支持，但中央财政体系为了控制地方债务的无序扩张，未将不规范的融资平台纳入财政预算体系。

43 号文件出台后各部门又陆续发布了多份政策性文件，对融资平台监管时紧时松，但是严控地方政府债务风险，督促融资平台转型，与政府融资职能脱钩的趋势没有改变。从自身盈利能力和企业化程度来看，地方政府融资平台大致可以分为三类：一是承担基础建设工作，盈利能力较弱。这类平台以土地整理与开发、棚户区改造、安置房和拆迁房建设、市政公路和桥梁等基础设施建设为主，盈利能力较弱。二是提供公用事业服务，具有一定的盈利能力。这类平台以提供热、电、水或污水处理等公用事业为主，有一定的盈利能力，但同时兼具公益性。三是市场经营属性较强，有较好的盈利能力。这类平台市场化程度较高，经营属性较强，利用自身资源优势开展贸易、旅游、地产、金融等方面的业务。①

2. 部分不合规 PPP 项目

2013 年 11 月中共十八届三中全会提出“深化投融资体制改革，允许社会资本通过特许经营等方式参与城市基础设施投资和运营，建立现代财政制度”，PPP 项目开展得如火如荼，地方政府隐性债务的风险逐渐被各级管理部门所重视。表 1 – 6 是 2013 年以来与 PPP 相关的政策，从政策内容中可以看出 PPP 项目的政策导向与融资平台类似，从鼓励逐渐转为防范，以遏制地方政府隐性债务增长风险。

① 参见《国务院关于加强地方政府融资平台公司管理有关问题的通知》（国发〔2010〕19 号）。

表1－6 与PPP项目有关的规范性文件及内容①

序号	规范性文件	PPP相关内容
1	中共十八届三中全会	允许社会资本通过特许经营等方式参与城市基础设施投资和运营
2	《国务院关于加强地方政府性债务管理的意见》（国发〔2014〕43号）	推广PPP模式，鼓励社会资本通过特许经营等方式，参与城市基础设施等有一定收益的公益性事业投资和运营
3	《关于规范政府和社会资本合作（PPP）综合信息平台运行的通知》（财金〔2015〕166号）	1. 各级财政部门可依托互联网通过分级授权，在信息管理平台上实现项目信息的填报、审核、查询、统计和分析等功能；在信息发布平台上发布PPP项目相关信息，分享PPP有关政策规定、动态信息和项目案例。 2. 综合信息平台按照项目库、机构库和资料库实行分类管理，项目库用于收集和管理全国各级PPP储备项目、执行项目和示范项目信息，包括项目全生命周期各环节的关键信息；机构库用于收集和管理咨询服务机构与专家、社会资本、金融机构等参与方信息；资料库用于收集和管理PPP相关政策法规、工作动态、指南手册、培训材料和经典案例等信息
4	《对发改办财金〔2015〕1327号文件的补充说明》（发改办〔2015〕353号）	按照国发办〔2015〕42号文件已实现市场化运营的城投公司开展规范的PPP项目发债融资，不受发债企业数量指标的限制。建立PPP项目发债绿色审核通道。社会资本方在参加PPP项目招投标时，可将发行企业债券纳入项目融资方案一并考虑，并同时向省级发展改革部门报送企业债券申请资料，由省级发展改革部门提出预审
5	《政府和社会资本合作（PPP）项目专项债券发行指引》（发改办财金〔2017〕730号）	1. 由PPP项目公司或社会资本方发行，募集资金主要用于以特许经营、购买服务等PPP形式开展项目建设、运营的企业债券。 2. 支持重点为：能源、交通运输、水利、环境保护、农业、林业、科技、保障性安居工程、医疗、卫生、养老、教育、文化等传统基础设施和公共服务领域的项目

① 韩文琰．中国地方政府隐性债务风险的忧思［M］．北京：中国财政经济出版社，2021：116－118.

续表

序号	规范性文件	PPP 相关内容
6	《政府和社会资本合作（PPP）综合信息平台信息公开管理暂行办法》（财金〔2017〕1 号）	加强和规范 PPP 信息公开工作，有效监督和约束 PPP 项目各参与方行为，保障公众知情权，促进 PPP 市场公平竞争、规范发展
7	《关于规范政府和社会资本合作（PPP）综合信息平台项目库管理的通知》（财办金〔2017〕92 号）	明确提出规范 PPP 模式的发展，将不适宜采用 PPP 模式的、前期准备不到位的、未按规定开展“两个论证”的、不宜继续采用 PPP 模式的、不符合规范运作要求的、构成违法违规举债担保的、未按规定进行信息公开的七类项目清理出库，防范 PPP 异化为新融资平台，坚决遏制隐性债务风险增量
8	《关于进一步增强企业债券服务实体经济能力严格防范地方债务风险的通知》（发改办财金〔2017〕194 号）	规范以政府和社会资本合作（PPP）项目发行债券融资。严格 PPP 模式适用范围，审慎评估政府付费类 PPP 项目、可行性缺口补助 PPP 项目发债风险，严禁采用 PPP 模式违法违规或变相举债融资
9	《国务院办公厅关于印发全国深化“放管服”改革转变政府职能电视电话会议重点任务分工方案的通知》（国办发〔2018〕79 号）	要求司法部、财政部、发改委三部委在 2018 年底前制定出台 PPP 条例，从顶层立法的角度推动 PPP 的良性发展
10	《关于进一步规范全国 PPP 综合信息平台项目信息管理工作的通知》（财政企函〔2018〕2 号）	1. 加强项目信息录入和更新。 2. 规范项目入库审核和信息核查。 3. 完善项目采购和执行信息管理。 4. 落实项目信息质量监督管理
11	《关于防范化解地方政府隐性债务风险的意见》（中发〔2018〕27 号）	明确了 PPP 是地方政府隐性债务的重要组成部分
12	《关于推进政府和社会资本合作规范发展的实施意见》（财金〔2019〕10 号）	要有效地防控地方政府的隐性债务风险，充分发挥 PPP 模式的积极作用，落实好“六稳”工作要求，推动经济高质量发展
13	《关于梳理 PPP 项目增加地方政府隐性债务情况的通知》（财金〔2019〕40 号）	遏制假借 PPP 名义增加地方政府隐性债务风险，夯实 PPP 高质量发展基础

续表

序号	规范性文件	PPP 相关内容
14	《关于依法依规加强 PPP 项目投资和建设管理的通知》（发改投资规〔2019〕1098 号）	要求 PPP 项目的融资方式和资金来源应符合防范化解地方政府隐性债务风险的相关规定。不得通过约定回购投资本金、承诺保底收益等方式违法违规变相增加地方政府隐性债务，严防地方政府债务风险
15	《政府会计准则第 10 号——政府和社会资本合作项目合同》	有助于建立健全政府会计准则体系，规范政府对政府和社会资本合作（PPP）项目合同的确认、计量和相关信息的列报，PPP 改革进入了健康发展的快车道。明确合规 PPP 项目不属于隐性债务
16	《政府和社会资本合作（PPP）项目绩效管理操作指引》（财金〔2020〕13 号）	明确 PPP 项目绩效管理内容和评价标准，旨在提高公共服务供给质量与效率，保障项目合作各方合法权益，让 PPP 项目更好地实现物有所值、按效付费

不合规 PPP 项目中有一部分项目通过限期整改，可以做到合法合规，例如运作模式不规范、采购程序不严谨、签约主体不合规等 PPP 项目。① 笔者认为只有涉及政府财政资金偿还或政府担保等问题的不合规 PPP 项目才可能形成地方政府隐性债务。包括但不限于以下几类不合规 PPP 项目：一是虽然在项目中设定绩效目标，但政府付费和缺口补助金额与绩效评价无关，这相当于政府变相承诺保底收益或固定回报；② 二是没有测算项目建设成本、运营成本及利润水平，政府直接承诺保底收益或固定回报等；③ 三是使用者付费前提下，地方政府仍承诺保底收益或固定回报；四是地方政府及部门或全额拨款实业单位为项目债务提供担保的；④ 五是采用 BT 模式的项目，如果地方政府采取 BT 模式，不包括运营，则应认定为约定以财政资金偿还的项目；六是承诺回购社会资本方的投资本金、承担投资本金损失、承诺最低收益或明股

① 参见《财政部关于进一步加强政府和社会资本合作（PPP）示范项目规范管理的通知》（财金〔2018〕54 号）。

② 参见国务院办公厅：《关于在公共服务领域推广政府和社会资本合作模式指导意见的通知》（国办发〔2015〕42 号）。

③ 参见财政部：《政府和社会资本合作项目财政承受能力论证指引》（财金〔2015〕21 号）。

④ 参见财政部：《关于规范政府和社会资本合作（PPP）综合信息平台项目库管理的通知》（财政部财金〔2017〕92 号）中“构成违法违规举债担保”中的规定。

实债的项目。①

综上所述，近年来财政部致力于引导PPP项目规范运作，② 加大了对PPP项目的核查力度，要求立项之前充分做好前期论证，按规定办理入库手续，杜绝违法违规项目。但是存量和新增PPP项目仍然可能产生地方政府隐性债务的风险，对其风险的控制是一个系统性工程，需要长期保持警惕。

3. 政府性产业投资基金

不能将政府性产业投资基金等同于政府投资基金③或政府出资产业投资基金，④ 财政部发布的《政府投资基金暂行管理办法》和国家发展改革委发布的《政府出资产业投资基金管理暂行办法》分别给予政府投资基金和政府出资产业投资基金明确的法律界定，二者的资金均来源于财政性资金。⑤ 相较于这两个概念，政府性产业投资基金是一个更广义的概念，包括了政府投资基金和政府出资产业投资基金，只要基金中有政府出资或政府为基金提供任何形式的担保，就可以称之为政府性产业投资基金。政府投资基金和政府出资产业投资基金属于政府性产业投资基金，但反之则不然。

虽然财政部和发改委对政府投资基金和政府出资产业投资基金的投资行为监管非常严格，但是仍然会有地方政府违规操作，存在变相举债的现象，例如明股实债，承诺回购社会投资本金或保底最低收益的。除政府投资基金

---

① 参见财预〔2017〕50号文件、财金〔2018〕54号文件、财金〔2017〕92号文件的规定，除国务院另有规定外，地方政府及其所属部门不得以任何方式承诺回购PPP项目中社会资本方的投资本金，不得以任何方式承担社会资本方的本金损失，不得以任何方式承诺社会资本方的最低收益。

② 财政部：《政府和社会资本合作项目财政承受能力论证指引》（财金〔2015〕21号），规定每一年度全部PPP项目需要从预算中安排的支出责任，占一般公共预算支出比例应当不超过10%，对PPP项目财政支出占比7%～10%的地区进行风险提示。

③ 《政府投资基金暂行管理办法》第二条："本办法所称政府投资基金，是指由各级政府通过预算安排，以单独出资或与社会资本共同出资设立，采用股权投资等市场化方式，引导社会各类资本投资经济社会发展的重点领域和薄弱环节，支持相关产业和领域发展的资金。"

④ 《政府出资产业投资基金管理暂行办法》第二条："本办法所称政府出资产业投资基金，是指有政府出资，主要投资于非公开交易企业股权的股权投资基金和创业投资基金。"

⑤ 参见《政府投资基金暂行管理办法》第三条："本办法所称政府出资，是指财政部门通过一般公共预算、政府性基金预算、国有资本经营预算等安排的资金。"《政府出资产业投资基金管理暂行办法》第三条："政府出资资金来源包括财政预算内投资、中央和地方各类专项建设基金及其他财政性资金。"

和政府出资产业投资基金外还有一部分政府性产业投资基金，游离在监管的灰色地带，利用基金的财务杠杆功能，以公司或合伙企业的形式，帮助地方政府融资，解决地方政府建设资金短缺的问题。这些基金的债务不会明确地反映到地方政府预算中，也无法预测在基金出现经营问题时，地方政府可能承担的风险有多大。因此，政府性产业投资基金是一个广义的概念，其可能产生隐性债务风险的形态因产业投资基金的类型、资金来源、组织形态和监管单位等有所不同，但归根到底只要导致地方政府债务增加，而这些债务又不能体现到财政预算中，就有形成地方政府隐性债务的风险。

4. 政府购买服务

规范的政府购买服务不会产生地方政府隐性债务，有问题的是一些扩大政府购买服务范围，延长服务期限等违法违规的政府购买服务。《财政部关于坚决制止地方以政府购买服务名义违法违规融资的通知》（以下简称87号文件）规定地方政府要严格按照确定的服务范围实施购买，严禁以下行为："(1）将原材料、燃料、设备、产品等货物，以及建筑物和构筑物的新建、改建、扩建及其相关的装修、拆除、修缮等建设工程作为政府购买服务项目；(2）将铁路、公路、机场、通讯、水电煤气，以及教育、科技、医疗卫生、文化、体育等领域的基础设施建设，储备土地前期开发，农田水利等建设工程作为政府购买服务项目；（3）将建设工程与服务打包作为政府购买服务项目；（4）将金融机构、融资租赁公司等非金融机构提供的融资行为纳入政府购买服务范围；（5）未安排年度预算实施了政府购买服务；（6）政府购买服务中违法违规融资。"① 87号文件对政府购买服务范围给予了严格的限制，但却留下了棚改和扶贫项目的口子，这使得棚改项目较容易获得金融机构的融资支持，进而激励地方政府扩大棚改项目范围，将一般项目包装成棚改或扶贫项目。

棚改项目为什么容易产生隐性债务呢？因为根据《政府购买服务管理办

① 《财政部关于坚决制止地方以政府购买服务名义违法违规融资的通知》（财预〔2017〕87号文件）第二条。

法》规定，政府购买服务合同履行期限一般不超过1年，特殊情况下不超过3年。[①] 按照以收定支的原则，政府购买服务合同的支出不会形成地方政府债务。但有的政府购买服务合同履行期超过3年，而棚改项目期限长达5~10年，很多地方政府只能将当年应付部分纳入预算，这就导致大部分资金缺口只能靠银行贷款等融资解决。虽然短期缓解了政府的支付压力，但长期来看这些贷款不计入财政赤字，自然就成了地方政府隐性债务。

三、地方政府隐性债务的演变

地方政府隐性债务只是地方政府债务分类的一种变化，并不是近几年突然出现的一类新债务。如果想要了解地方政府隐性债务的现状以及可能产生的风险，那么就必须从地方政府债务演变过程谈起，对地方政府隐性债务的规模进行估算，才能了解地方政府隐性债务可能带来的风险，以及这种风险的危害程度。

地方政府隐性债务的演变与地方政府债务的演变是不可分割的，地方政府债务问题的源头最早可以追溯到1994年，分税制改革重构了中央与地方之间的财政关系，财权向中央倾斜，但事权却向地方政府下放，这就产生了财权与事权不匹配的矛盾，对地方财政产生了非对称的影响。[②] 在收支失衡的压力下，1992年上海成立了上海市建设投资开发公司，采取投资公司参与城市建设的模式，这种模式随后在全国范围内推广开来，各地政府及所属部门陆续成立了平台公司，这就是极具中国特色的城投模式。2008年金融危机后，以城投公司为代表的融资平台帮助地方政府融资的功能进一步体现，仅2009年全国就新增融资平台2000多家，而之前的10多年间全国成立的各种形式的融资平台仅6000多家，短期内融资平台增加数量惊人。地方政府利用这些新增融资平台大肆举借债务，配合中央4万亿元投资，导致地方政府债务规

① 参见《政府购买服务管理办法》第二十四条："政府购买服务合同履行期限一般不超过1年；在预算保障的前提下，对于购买内容相对固定、连续性强、经费来源稳定、价格变化幅度小的政府购买服务项目，可以签订履行期限不超过3年的政府购买服务合同。"

② 杨丽．投融资平台隐性债务风险防控与监管［N］．中国审计报，2019-12-15.

模迅速扩大。从2009年到现在，地方政府债务发展经历了从放任到规范，再到严格监管的演变，具体分析如下：

（一）2009—2016年：地方政府债务从放任到规范

2014年以前地方政府通过各种形式给城投融资提供担保，目的是提高融资平台的融资能力，完成地方政府的基建任务。但随着融资规模的不断扩大，债务规模越来越大，其中蕴含的风险也越来越大。同时，资金管理存在一定的问题，融资得来的资金投向的项目，不分公益性还是非公益性，项目管理混乱。城投债务和地方政府债务分不清楚，无法估算地方政府应承担的债务总额。

2011年中央开始对地方政府债务摸底，但工作进展缓慢，没有强有力的监管措施出台。直到2014年国务院下发43号文件，正式开启了地方政府债务新的管理系统，规范地方政府举借债务行为。43号文件为后续地方政府监管建立了基础性的框架，具体包括以下几个方面：一是融资平台不得新增地方政府债务，剥离了其政府性融资的属性；二是明确了地方政府在限额内发行债券是唯一的融资渠道；三是对地方政府债务进行甄别，负有偿还义务的债务可以发行政府债券置换；四是推广PPP模式，鼓励社会资本参与基础设施和公共服务项目。

随着2015年经济下行和稳增长压力增大，中央对地方政府债务的监管开始松动，比如推广PPP模式，引入社会资本解决地方建设资金不足的问题。社会资本方不包括本级政府所属融资平台及国有企业，但包括符合条件的融资平台，[①] 这一松动给地方政府利用明股实债模式进一步扩张债务提供了机

① 《国务院办公厅转发财政部发展改革委人民银行关于在公共服务领域推广政府和社会资本合作模式指导意见的通知》（国办发〔2015〕42号）第十三条规定：“大力推动融资平台公司与政府脱钩，进行市场化改制，健全完善公司治理结构，对已经建立现代企业制度、实现市场化运营的，在其承担的地方政府债务已纳入政府财政预算、得到妥善处置并明确公告今后不再承担地方政府举债融资职能的前提下，可作为社会资本参与当地政府和社会资本合作项目，通过与政府签订合同方式，明确责权利关系。严禁融资平台公司通过保底承诺等方式参与政府和社会资本合作项目，进行变相融资。”

会。2015 年发改委发布的 1327 号文件，允许县级主体发债,① 突破了原先只有百强县才有 1 家平台可以发债的限制，这为后续县级融资平台的扩张埋下了隐患，也为地方政府隐性债务扩张提供了土壤。此时，地方政府债务的结构比 43 号文件发布前还要复杂，杠杆更加隐秘，债务更加不透明，这也是地方政府隐性债务提法产生的原因。

（二）2017 年至今：地方政府隐性债务的监管

从 2017 年开始，国家政策基调从稳增长向防风险和严监管转变，中央开始对地方政府突破 43 号文件规定违规担保，增加地方政府债务负担的行为进行监管和纠正。监管的思路重新回到 43 号文件要求的框架内，根据监管对象不同，这段时间内发布的各类监管措施主要分为两类：一类是对与地方政府相关的各类融资行为的监管。2017 年 5 月发改委、财政部等六部委联合发布的 50 号文件，对于地方政府债务的监管具有重要的指导性意义，后续的监管政策许多都是根据 43 号和 50 号文件的思路展开的。50 号文件再次明确了地方政府债券是地方政府唯一的合法举债手段，禁止地方政府对融资平台提供各种隐性担保，严禁设立明股实债类项目。随后 87 号文件贯彻了 50 号文件的监管思路，重新明确了政府购买服务的基本服务类型、先预算后购买、纳入指导性目录 3 个基本原则，对服务范围列出负面清单。2017 年以来这波监管，在规范地方政府违规举债行为，避免产生隐性债务的同时，不断重申举借债务应走正门，向地方政府表明中央监管未来债务的转型思路。财政部的 89 号文件，明确表明支持地方政府在专项债券额度内，项目收益与融资自求平衡的领域，试点发行项目收益专项债券，可以单个项目发行，也可以同一地区多个项目集合发行，偿债资金来源包括政府性基金收入或者项目的专项收入。②

---

① 《国家发展改革委办公厅关于充分发挥企业债券融资功能支持重点项目建设促进经济平稳较快发展的通知》（发改办财金〔2015〕1327 号）第三条规定：“县域企业发行用于重点领域、重点项目建设的优质企业债和专项债券（见（一）、（二）），不受发债企业数量指标的限制。”

② 铁路、公路、机场、通信、水电煤气，以及教育、科技、医疗卫生、文化、体育等领域的基础设施建设不得列入政府购买服务范畴。这些被列入负面清单的基础设施建设项目，通常具有稳定的现金流回报，是可以尝试采用 PPP 模式建设的。

另一类是对金融机构的监管，2018 年 3 月，财政部进一步印发 23 号文，从金融机构资产端加强对地方政府融资的监管，规范金融机构对地方政府及所属融资平台和国有企业的融资。国有金融企业不得直接或通过地方国有企事业单位等间接渠道为地方政府及其部门提供任何形式的融资，不得违规新增地方政府融资平台公司贷款，不得要求地方政府违法违规提供担保或承担偿债责任。① 2021 年银保监会发布的 15 号文件，要求银行保险机构严格执行地方政府融资相关政策要求，打消财政兜底幻觉，强化合规管理、尽职调查，严禁新增或虚假化解地方政府隐性债务，切实把控好金融闸门。至此，双管齐下，一起形成了对地方政府隐性债务的监管网络，有效遏制了地方政府违规债务的增长，中央开始着力化解隐性债务风险。

① 《关于规范金融企业对地方政府和国有企业投融资行为有关问题的通知》（财金〔2018〕23 号）第一条。

第二章 地方政府隐性债务风险的法律规制现状

一、地方政府隐性债务的规模估算

自从2017年7月24日召开的政治局会议提及地方政府隐性债务这个名词后，国内外机构和学者对我国地方政府隐性债务的规模进行了估算，但均没有详细、准确的数据（见表2－1）。

表2－1 各研究机构对地方政府隐性债务规模的估算①

单位：万亿元

研究机构	估算时点	隐性债务规模
国际清算银行	2017年12月31日	8.9
国际货币基金组织	2016年12月31日	19.1
标普评级	2018年10月	30～40
联讯证券	2018年12月31日	37
申万宏源	2017年12月31日	43②

① 李湛．如何看待地方政府隐性债务规模？［EB/OL］．［2020－06－04］．https://www.sohu.com/a/313718671_114984.

② 截至2017年12月31日，城投发债主体的债务余额为30万亿元（其中债券余额为7万亿元，信贷余额为20万亿元，非标余额为3万亿元），而根据银监会城投平台公布的数据，包含非发债主体的所有城投公司信贷量为该数据的1.5倍，得出城投信贷规模为30万亿元，使用用益信托网公布的城投基建类非标占非标总量15%左右，得出城投非标总量为6万亿元，合计2017年末地方政府隐性债务规模达43万亿元。

续表

研究机构	估算时点	隐性债务规模
海通证券	2017 年 12 月 31 日	32.9 *
国家金融与发展实验室	2017 年 12 月 31 日	约 30 **
清华大学财税研究所	2017 年 6 月 30 日	47
社科院世界经济与政治研究所	2017 年 12 月 31 日	47
国际评级机构惠誉	2017 年 12 月 31 日	35
长江产业经济研究院	2017 年 12 月 31 日	30.37
中诚信国际评级公司	2017 年 12 月 31 日	34.5

注：* 表示从融资渠道估算：①平台贷款余额为 17 万亿元。②债券融资，依据 Wind 数据库，截至 2017 年底的城投债余额为 7.02 万亿元。③非标融资，依据基金业协会的相关统计年报，2017 年底，通过券商通道业务最终投向地方融资平台的非标融资为 6907 亿元，剔除嵌套部分（2.1% 的证券投资基金和 10.4% 的持牌机构资管产品与私募基金），得出通过券商通道业务直接投向地方融资平台的资金量约为 0.6 万亿元；通过基金子公司专户最终投向地方融资平台的规模为 9638 亿元，剔除投资持牌金融机构资管产品和私募基金（35.1%）的嵌套部分，得出通过基金子公司直接投向地方融资平台的资金量约为 0.63 万亿元；依据保险资产管理业协会的数据，2017 年底债权与股权累计注册额大约 2 万亿元，估算出债权投资计划的累计注册额约为 1.87 万亿元，该部分债权投资计划主要投向基础设施与不动产，大部分流入地方政府融资平台；依据中国信托业协会数据，投向基础产业的信托资金约为 3.8 万亿元。四类资管计划形成的地方政府隐性债务约为 6.9 万亿元。④融资租赁，依据中国租赁联盟发布的报告，基础设施及不动产行业的融资租赁资产比例约为 7.64%。大致估算出通过融资租赁投向地方政府融资平台的资金为 0.46 万亿元。⑤政府性基金与 PPP 项目，政府性基金与 PPP 项目的初衷为政府和社会资本共担风险，不会新增地方政府隐性债务，但在 PPP 项目的实施过程中，一些地方政府通过承诺回报、明股实债等方式形成隐性债务。根据 IMF 的估算，这部分债务约为 3.1 万亿元。

** 参见《中国区杠杆进程报告》，报告指出地方政府或有债务的最大部分在地方政府融资平台，大约为 30 万亿元，占 GDP 的 40%。

以上是不同机构估算的 2017 年（部分到 2018 年）我国地方政府隐性债务的规模，从数据看 2017 年我国隐性债务规模大概在 30 万亿～40 万亿元。除了机构以 2017 年左右为时点估算隐性债务规模外，还有学者对 2012 年至 2017 年地方政府隐性债务分类估算，各类隐性债务规模逐年上升，规模年增长率较高（见表 2－2）。

表 2-2　2012—2017 年我国地方政府隐性债务分类估算规模①　单位：亿元

年份	养老金缺口	PPP 项目	地方国有企业	地方融资平台	商业银行不良贷款	其他	合计	增速（%）
2012	5673	162	33640	5840	1130	—	46445	—
2013	7445	287	43387	7576	1372	30	60097	29.4
2014	8225	902	54988	11662	1998	74	77849	29.5
2015	8916	4766	71571	13449	3030	173	101905	31
2016	9606	9606	76272	15071	3558	350	114463	12.3
2017	10307	14653	107642	16159	4004	1395	154160	34.7

2017 年各研究机构集中对地方政府隐性债务进行估算，随着时间推移数据价值大打折扣，但是不妨碍我们从这些研究方法中得到启发，同时对我国地方政府隐性债务规模有一个初步的认识。随着国家对地方政府隐性债务风险的重视程度增加，有学者开始有针对性地整理和估算 2015—2019 年全国 30 个省份隐性债务规模，详情如表 2-3 所示。

表 2-3　2015—2019 年全国 30 个省份隐性债务估算规模和 3 种负债率②

省份	2015 年（亿元）	2016 年（亿元）	2017 年（亿元）	2018 年（亿元）	2019 年（亿元）	2019/2017 同比变化率（%）	2019 年全口径负债率（%）	显性债务负债率（%）	隐性债务负债率（%）
北京	5243	5119	5499	4891	3867	-29.68	24.97	14.03	10.93
天津	4331	4280	4100	3558	2617	-36.17	53.72	35.16	18.56
河北	3567	3969	3820	3079	2903	-24.01	33.21	24.94	8.27
山西	3010	3235	3638	4176	5676	56.02	53.96	20.63	33.34
内蒙古	1061	2881	3338	4080	5043	51.11	71.75	42.45	29.30
辽宁	820	1654	2743	4030	5951	116.95	59.56	35.67	23.89
吉林	3931	4311	4646	4906	5611	20.77	84.90	37.05	47.85
黑龙江	4890	5706	6376	6971	8294	30.08	95.81	34.88	60.93
上海	4326	4994	5104	4625	3391	-33.56	23.88	15.00	8.89
江苏	8797	9011	8694	8092	7043	-19	22.00	14.93	7.07

① 韩文琰．中国地方政府隐性债务风险的忧思［M］．北京：中国财政经济出版社，2021：25.

② 宋翔，蔡宁，冯浩洋．地方政府隐性债务估算：基于 30 个省份全口径财政数据的研究［J］．地方财政研究，2021（9）：86-92.

续表

省份	2015 年（亿元）	2016 年（亿元）	2017 年（亿元）	2018 年（亿元）	2019 年（亿元）	2019/2017 同比变化率（%）	2019 年全口径负债率（%）	显性债务负债率（%）	隐性债务负债率（%）
浙江	4208	5565	5663	4603	5219	−7.84	25.03	16.66	8.37
安徽	3428	3762	3967	3915	4191	5.64	32.68	21.38	11.29
福建	2524	2528	2629	2649	2493	−5.17	22.47	16.59	5.88
江西	3967	4284	4571	4045	5354	17.13	43.24	21.61	21.63
山东	2522	2617	2551	1784	1525	−40.22	20.62	18.47	2.15
河南	3578	4015	4648	4178	3398	−26.89	20.84	14.58	6.26
湖北	4914	4719	4505	3667	2395	−46.86	22.77	17.54	5.22
湖南	313	4898	4626	4325	4386	−5.19	36.63	25.59	11.03
广东	6104	6178	6291	6704	4186	−33.46	14.99	11.10	3.89
广西	3487	5075	5238	5150	5263	0.48	54.58	29.80	24.78
海南	953	1120	1118	1013	842	−24.78	57.87	42.01	15.86
重庆	5353	5171	5048	4409	3411	−32.41	38.19	23.74	14.45
四川	3907	4588	4298	3924	2852	−33.64	28.81	22.69	6.12
贵州	4349	5301	6259	7033	7702	23.05	103.61	57.68	45.93
云南	4920	5498	5810	5980	6611	13.79	63.38	34.91	28.47
陕西	6408	6445	6482	6554	6956	7.31	52.29	25.32	26.97
甘肃	1702	4324	4335	4333	4501	3.93	87.38	35.75	51.63
青海	2735	2760	2748	2679	2570	−6.44	157.53	70.87	86.66
宁夏	2280	2270	2333	2338	2252	−3.47	104.32	44.25	60.07
新疆	1994	1931	1661	1487	918	−44.73	43.32	36.57	6.75
合计	109622	128210	132738	129179	127422	−4			

从目前已有的研究来看，隐性债务规模估算仍然面临一定的难度，学者们只能通过监管机构公布的数据去推算，而这些数据设计之初，还没有隐性债务这种分类，因此精确度有限。本书通过对上述研究进行总结，概括出较为主流的估算方法有三种：

（一）从资金运用角度进行估算

资金运用角度估算方法遵循的逻辑是：地方政府举借的隐性债务所获资

金最终是有投向的，并形成相应的资产，而资产的形式多以基建项目存在。在已知基建项目投资规模的前提下，扣除掉国家预算内资金，承接基建项目的企业、事业单位及其相关部门自有资金和市场化筹措的资金后，① 剩余的金额就是隐性债务规模。这种方法看似逻辑清楚、原理科学，但真正估算起来非常困难，容易产生较大的误差。具体分析如下：一是隐性债务资金投向多样，资金投向基建项目所占的比例不能全面反映隐性债务的规模。以《2018年中国金融稳定报告》中调研的某省为例，该省隐性债务资金65%用于基础设施项目，20%的资金用于棚户区改造和易地扶贫改造，10%的资金用于园区建设，5%的资金用于融资平台日常经营。② 二是除国家预算内资金投向基建项目的金额数据相对准确外，其他扣减项目无论如何分类，统计数据都存在一定的误差。三是通过基建项目资金投入计算出来的隐性债务仅是新增规模，还需要向前追溯累加，并扣减掉到期偿还金额，才能得出地方政府隐性债务的总体规模。因此，采取资金运用方式计算出来的隐性债务规模误差较大，且测算难度较大。

（二）从资金来源角度进行估算

银行是地方政府隐性债务主要资金来源，假设地方政府性债务和截至2017年末的隐性债务来自银行的部分都被计入交通、水利环境、租赁商服、建筑等行业贷款。通过银行贷款和表内外非标数据估算一下银行体系对地方政府隐性债务的敞口，表内贷款敞口约为17.2万亿元，③ 表内外非标对地方

---

① 这里扣减项目的分类仅是其中一种，市场上不同的研究有不同的扣减项目分类方法。

② 中国人民银行金融稳定分析小组．中国金融稳定报告［M］．北京：中国金融出版社，2018：29.

③ 测算过程：（1）2010年末交通、水利环境、租赁商服、建筑4个行业贷款余额约9.3万亿元，当年地方政府性债务余额中来自银行贷款的规模为8.5万亿元，约占四行业贷款的91%；2013年6月末四行业贷款余额11.4万亿元（用年初年末平均余额估计），彼时地方政府性债务余额中来自银行贷款的规模为10.1万亿元，约占四行业贷款的89%。据此我们假设，当前四行业贷款中的90%投向地方政府隐性债务。（2）目前银保监会尚未披露2017年末四行业贷款数据，我们假设全行业的四行业贷款同比增速跟上市银行口径的同比增速一样，为18%，则可以根据2016年末全行业的四行业贷款余额（17.9万亿元）估算出2017年末四行业贷款余额为21.1万亿元。（3）根据前述四行业贷款中有90%投向地方政府隐性债务的假设，同时考虑2017年末仍有1.8万亿元未置换地方政府债务（我们假设未置换地方政府债务均为银行贷款），则2017年末银行表内贷款中的地方政府隐性债务规模估计在17.2万亿元左右。

政府隐性债务的敞口约10.5万亿元，① 二者相加总计约28万亿元。银行还可能通过其他一些途径投资了地方政府隐性债务，比如购买城投债，最终地方政府隐性债务的规模肯定超过28万亿元。② 这种估算方式存在的问题，一方面是贷款计入的行业范围较窄，不能完全反映隐性债务资金来源；另一方面是隐性债务资金来源不仅包括银行贷款，还包括债券等融资方式，仅按照表内外贷款敞口计算误差较大。

（三）从举债主体角度进行估算

举债主体估算方法是指不考虑违规的中长期财政支出，只估算隐性债务中最主要的两个重灾区，一是政府投资基金项目和PPP项目，二是融资平台（城投公司）。政府投资基金项目和PPP项目产生的隐性债务规模估算难度较大，因为很难了解政府为PPP项目和政府投资基金项目的债务做了何种程度的担保，明股实债的规模到底有多大，同时PPP项目绩效考核评价是否到位，需要结合具体的合同条款确定。因此，有的机构研究报告在估算隐性债务规模时，会忽略政府投资基金项目，仅是设定一个系数乘以PPP项目投资额进行估算，其中系数的选定比较主观，没有建立科学的论证模型。而关于城投公司隐性债务的测算也存在一些问题。2014年以后城投公司等融资平台的融资功能被剥离，所借债务不列入地方政府债务，不承担融资功能。融资平台是基建项目重要的载体，这些项目中包括很多金融机构信贷类、非标类、债

---

① 测算过程：（1）按照市场普遍看法以及日常经验数据，非标资产应该大部分投向了城投、地产等领域，但具体比例是多少，我们目前无法从统计数据上进行全面检验。不过我们可以从一个侧面进行观察，从而将该比例假设为50%：从信托业协会公布的资金信托投向的行业分布来看，剔除其中投向金融业的部分后，剩下的资金当中投向前述四行业的占比在2017年末为50%。从2014年第三季度披露该数据以来，这一比值的平均值是49%。（2）根据金融机构信贷收支表数据，2017年末金融机构股权及其他投资约21.8万亿元。根据《中国银行业理财市场报告（2017年）》，2017年末银行同业理财约3.3万亿元（这部分在后面理财部分中统计），扣除后，剩余的表内股权及其他投资约18.5万亿元，我们假设其均为非标。理财投资的非标约4.8万亿元，因此表内外非标合计23.3万亿元。按照前述投向四行业的比例为50%的假设，表内外非标投向四行业的余额为11.7万亿元，其中投向政府隐性债务的估计为10.5万亿元。资料来源于国信证券：《2018年地方政府隐性债务现状》。

② 需要特别说明的是，这里的28万亿元与2013年地方政府性债务审计报告中的地方政府或有债务并非同一个概念。现在的很多隐性债务并没有地方政府的隐性担保，只不过其举债主体或多或少有着政府背景，银行或投资者普遍“认为”它们是安全的。

券类资产，债务存量高，到期规模大。同时公益类项目较多，现金流较差，还款能力不足。以目前具有债券存续的城投公司（中债标准）为样本，将上面七项负债指标加总来看，截至 2018 年 6 月，城投平台可能形成隐性债务规模约为 37 万亿元。①

综上所述，以上三种估算方法都存在较大的误差，得到的结果依赖于财政部、人民银行、审计署等各类权威部门或机构公开的数据和一部分假设，只能从某个侧面感知隐性债务的风险程度。本书作为法学类专著，从专业角度讲对隐性债务规模数据的整理和分析并不准确，整理的目的不在于数据本身，而是让读者对隐性债务的复杂性及其带来的风险有一个相对直观的认识。

二、地方政府隐性债务的风险分析

我国经济经过这些年的高速增长，地方政府隐性债务存量大、增量快的结构性、系统性风险慢慢凸显出来，成为我国地方政府乃至全社会发展面临的一个中长期、复杂的系统性问题。如果不能高效、高质地化解风险，风险将向财政系统和金融系统传导，最终可能影响整个国家经济体系的安全。

（一）地方政府隐性债务的结构性风险

地方政府隐性债务的结构性风险可以从很多角度进行分析。比如从增量、存量和央地博弈 3 个维度的风险进行分析。

1. 地方政府隐性债务增量的风险

新冠肺炎疫情暴发以来地方政府财政压力较大，一方面新冠疫情防护压

① 测算过程：（1）长期借款：向银行或信托等机构借入的期限在 1 年以上的债务；（2）短期借款：向银行或信托等机构借入的期限在 1 年以内的债务；（3）应付债券：发行的企业债、中票、PPN 等期限在 1 年以上的债券；（4）应付票据：签发的商业汇票，或以保证金形式让银行代为签发的银行承兑汇票；（5）1 年内到期的非流动性负债：在 1 年以内到期的应付债券、长期借款等（部分城投也将短融、超短融纳入此项）；（6）其他流动性负债：发行的短融、超短融等短期负债；（7）长期应付款：融资租赁、信托贷款、委托贷款等非标债务及其他，部分城投将向地方政府偿还的置换债资金也纳入此项，交易性金融债务、专项应付款等项目由于规模比例较小，忽略不计。以上这七项加到一起得出这一数据。

力下承担了巨额的核酸检测、隔离和救治等费用，同时还承受因商店、商场等经营场所无法经营而引起的税收减少、失业率上升等间接损失。另一方面地方政府仍须保障地区经济发展活力，承担了包括基础设施建设在内的资金压力，对其投入了大量的债务资金，同时基础设施建设也是隐性债务产生的重灾区。如何获得长期、稳定、低成本的基础设施建设资金，一直是地方政府面临的难题。针对地方政府建设资金缺口问题，2017 年财政部发布的《关于坚决制止地方政府违法违规举借遏制隐性债务增量情况的报告》中提出，地方政府要开好规范举债融资的“前门”。但是这并没有解决地方政府资金紧张问题，仍然存在地方政府新增隐性债务的风险。

2. 地方政府隐性债务存量的风险

43 号文件和《预算法》相继实施以来，地方政府债券发行量增幅较大。2015—2018 年，地方政府置换债券累计发行 12. 2 万亿元，虽然完成了既定的存量政府债务置换目标，但地方政府隐性债务的偿还压力仍然很大。地方政府隐性债务利率较高，债务的持续性堪忧，截至 2014 年末，地方政府非政府债券形式的债务平均成本约 10%，如果假设地方政府隐性债务的平均成本也为 10%左右，那么隐性债务的经济成本高达 3 万亿元左右，而 2015 年的地方财政收入仅为 9. 79 万亿元。地方政府融资平台作为隐性债务主要举借主体，资产回报率持续走低，2017 年前两个季度，城投债企业税后资产回报率为 1. 35，这说明项目收入无法覆盖隐性债务成本，债务持续性无法保障，隐性存量债务风险有继续增加的风险。

3. 中央地方政策博弈的风险

在化解地方政府隐性债务的风险时，可能存在道德风险，如果地方政府预期中央政府会提供救助，那么地方政府可能会受到激励，大肆举借债务。中央政府坚决不提供兜底或救助，严格谁举借谁负责的规范，落实地方政府属地管理责任，才是正确地防范化解隐性债务风险的主要思路。

除了上面的分类，我国地方政府隐性债务规模分布、债务率、债务品种和期限结构并不均衡，各地区存在差异，存在结构性风险。① 主要表现在以下几个方面：一是债务规模地区差异较大。江苏、浙江、天津等地的隐性债务存量较大，而贵州、青海、甘肃等地区隐性债务规模适中②。二是债务率东西部地区差异较大。西部地区债务率明显高于中东部地区，西部地区经济发展较差，融资成本较高。三是隐性债务品种非标较为常见。天津、青海、辽宁、贵州、内蒙古和湖南等地非标较多，反映了政策融资渠道不畅，再融资压力较大的现状。四是债务期限结构均有较大的再融资压力。

（二）地方政府隐性债务的系统性风险

相比结构性风险而言，地方政府隐性债务最大的风险是系统性风险，如果结构性风险处理不好，就可能引发系统性风险。地方政府隐性债务的系统性风险主要体现在对财政系统、金融系统和经济系统造成的风险：

1. 对财政系统造成的风险

隐性债务是地方政府债务管理的一个重要问题，同时也是财政系统需要面对和解决的问题。地方政府债务（包括隐性债务）是地方政府作为债务人与债权人发生的一种法律关系，以地方政府信用为担保筹集财政资金的一种方式，用来弥补财政赤字或建设资金短缺。地方政府债务是一种非经常性的财政收入，既然是债务，必然有借有还，地方政府显性债务可以列入政府预算，财政系统可以对这些债务进行有效管理，控制整体的债务风险。但地方

① 测算过程：（1）长期借款：向银行或信托等机构借入的期限在1年以上的债务；（2）短期借款：向银行或信托等机构借入的期限在1年以内的债务；（3）应付债券：发行的企业债、中票、PPN等期限在1年以上的债券；（4）应付票据：签发的商业汇票，或以保证金形式让银行代为签发的银行承兑汇票；（5）1年内到期的非流动性负债：在1年以内到期的应付债券、长期借款等（部分城投也将短融、超短融纳入此项）；（6）其他流动性负债：发行的短融、超短融等短期负债；（7）长期应付款：融资租赁、信托贷款、委托贷款等非标债务及其他，部分城投将向地方政府偿还的置换债资金也纳入此项，交易性金融债务、专项应付款等项目由于规模比例较小，忽略不计。以上这七项加到一起。

② 测算过程：（1）长期借款：向银行或信托等机构借入的期限在1年以上的债务；（2）短期借款：向银行或信托等机构借入的期限在1年以内的债务；（3）应付债券：发行的企业债、中票、PPN等期限在1年以上的债券；（4）应付票据：签发的商业汇票，或以保证金形式让银行代为签发的银行承兑汇票；（5）1年内到期的非流动性负债：在1年以内到期的应付债券、长期借款等（部分城投也将短融、超短融纳入此项）；（6）其他流动性负债：发行的短融、超短融等短期负债；（7）长期应付款：融资租赁、信托贷款、委托贷款等非标债务及其他，部分城投将向地方政府偿还的置换债资金也纳入此项，交易性金融债务、专项应付款等项目由于规模比例较小，忽略不计。以上这七项加到一起。

政府隐性债务以各种形式循环在预算外，财政系统对其规模、形式不能规范管理，这将导致财政的收入和支出系统失灵。一般情况下财政收入主要来源于税收和国债，支出主要包括社会消费性支出、财政投资性支出和转移支出。地方政府隐性债务的存在一方面影响收入系统中的政府债务的收入，另一方面影响支出系统中的社会消费性支出、财政投资性支出和转移支出。隐性债务对财政系统的影响会随着债务规模的增大而增大，隐性债务积累的风险也会向财政系统传导，进而导致财政系统失灵，无法起到优化资源配置、公平分配及稳定和发展经济的作用。

2. 对金融系统造成的风险

地方政府融资平台、PPP 项目、政府性投资基金和政府购买服务等都可能产生隐性债务，笔者暂时无法穷尽可能产生隐性债务的地方政府举债行为类型，但是可以追踪隐性债务的资金来源，从这个角度论述隐性债务对金融系统的影响。基于上文的一系列假设，以 2017 年这个地方政府隐性债务管理的重要时间节点为例，测算出 2017 年末银行对地方政府隐性债务的敞口约为 28 万亿元，其中包括贷款和表内外非标投资。28 万亿的数字并不完全准确，只是初步让我们对地方政府隐性债务可能带来的信用风险有一个相对直观的感受。银行对地方政府隐性债务敞口规模大的原因很复杂，主要有以下 3 个方面：一是政府资金需求增加，2015 年以来，为了应对经济下行压力，地方政府对基建的投资规模增大，并且一直保持较快增长；二是银行资金供给增加，在经济下行压力下，中小企业信贷风险暴露，制造业、批发零售业等行业不良贷款率较高，但货币政策十分宽松，银行贷款偏好有政府信用背书的项目，于是大量资金被投向地方政府隐性债务；三是政府融资渠道不畅，地方政府显性债务融资规模增长缓慢，不能满足地方政府的融资需求，对隐性债务的疏导力度不够。这仅仅指银行，还不包括基金、信托、保险等金融机构与隐性债务更加复杂的关系，一旦地方政府隐性债务出现大规模违约，这种风险就会向金融系统传导，比如融资平台的风险传导机制（见图 2－1）。

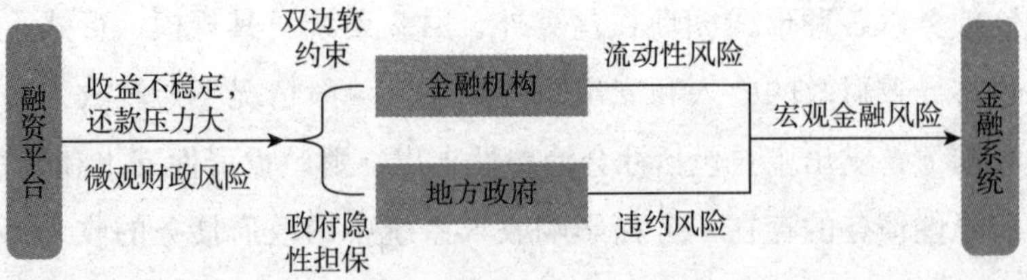

图 2－1　融资平台中隐性债务风险向金融系统传导机制

3. 对经济系统造成的风险

相对于财政和金融系统，经济系统更加复杂，由若干经济要素相互联系和作用结合而成，是具有特定功能的有机整体。其不仅涉及一个国家内部的各个地区、部门、行业，还涉及更加微观的企业、单位，是一个巨大的复杂系统。当地方政府隐性债务风险通过财政系统和金融系统向经济系统传导后，这些负面的信息反复流动、交换和加工处理，影响经济活动。积累到一定程度的隐性债务风险一方面影响经济的整体规划和信息交流，另一方面从宏观、中观和微观层面影响经济系统的健康运行。

2021 年 6 月 7 日财政部部长在全国人大常委会作《关于 2020 年中央决算的报告》时表示，财政部继续强化对地方政府债务的常态化监控，实施联合监管，违法违规无序举债的蔓延夸张态势得到初步遏制，隐性债务风险得到进一步缓释。但对隐性债务风险的监管仍然保持高压状态，各方在合力围堵地方政府隐性债务，强化财政部门与金融系统协同配合，加强对地方政府隐性债务新增和化解情况审计核查，确保基础数据真实可靠的同时还需要建立健全市场化、法制化的法律规制体系，才能将隐性债务管理关进法律的笼子里，防止发生财政、金融和经济系统性风险。

三、地方政府隐性债务的法律规制体系

我国关于地方政府隐性债务的监管散见于发改委、财政部、人民银行、审计署等部委发布的规范性文件中，没有专门的法律、行政法规等对地方政府隐性债务作系统性规制。虽然缺乏专业、系统的规制，规范性文件类型较多，让人无所适从，但笔者仍可以从这些监管文件中找到规律，总结出地方

政府隐性债务的规范体系。43号文件作为近些年地方政府性债务管理的标志性规范文件，建立了一个新的关于地方政府债务管理的政策框架，此后几年若干政策性文件大多延续了43号文件的管理思想，在它基础上建立了一个地方政府隐性债务规范体系雏形。

43号文件发布至今已过去多年，这些年内地方政府债务管理体系实现了整体性迁移，地方政府举债融资行为逐步得到规范，存量债务置换工作稳步推进。但地方政府隐性债务风险一直在累积，没有得到根本上的解决。面对严峻的隐性债务风险防范和化解形势，理解和把握中央的债务管理政策是研究工作的重要部分。以43号文件为切入点，梳理近些年地方政府债务管理政策框架（见图2-2），进而了解地方政府隐性债务的规范体系（见表2-4）。

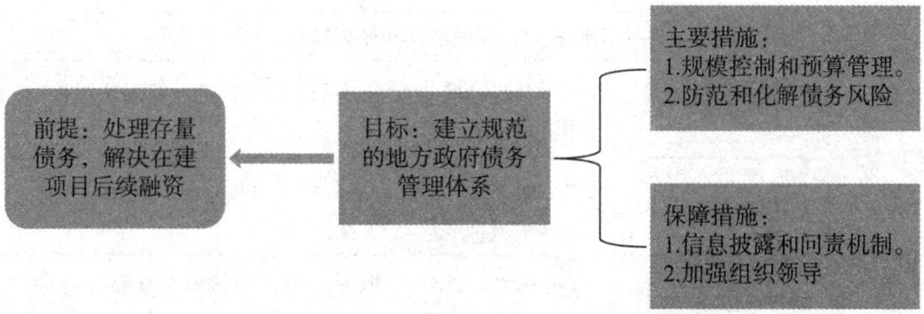

图2-2　43号文件地方政府债务管理政策框架

表2-4　地方政府隐性债务规范体系

文件要点	发文时间	文件名称
目标：建立规范的地方政府债务管理体系		
赋予举债权限	2014年8月31日	《中华人民共和国预算法》
纲领性文件	2014年9月21日	《国务院关于加强地方政府性债务管理的意见》（国发〔2014〕43号）
	2017年4月26日	《关于进一步规范地方政府举债融资行为的通知》（财预〔2017〕50号）
	2018年7月	《防范化解地方政府隐性债务风险的意见》
规范举债方式	2015年3月12日	《地方政府一般债券发行管理暂行办法》（财库〔2015〕64号）
	2015年4月2日	《地方政府专项债券发行管理暂行办法》（财库〔2015〕83号）

续表

文件要点	发文时间	文件名称
推广 PPP 模式	2014 年 9 月 23 日	《关于推广运用政府和社会资本合作模式有关问题的通知》（财金〔2014〕76 号）
	2014 年 12 月 2 日	《关于开展政府和社会资本合作的指导意见》（发改投资〔2014〕2724 号）
加强或有债务监管	2012 年 12 月 24 日	《关于制止地方政府违法违规融资行为的通知》（财预〔2012〕463 号）
前提：处理存量债务，解决在建项目后续融资		
将存量债务纳入预算	2014 年 10 月 23 日	《地方政府存量债务纳入预算管理清理甄别办法》（财预〔2014〕351 号）
确保在建项目后续融资	2015 年 5 月 11 日	《关于妥善解决地方政府融资平台公司在建项目后续融资问题的意见》（国办发〔2015〕40 号）
主要措施：1. 规模控制和预算管理		
规模控制	2015 年 12 月 31 日	《关于对地方政府债务实行限额管理的实施意见》（财预〔2015〕225 号）
	2017 年 3 月 23 日	《关于印发〈新增地方政府债务限额分配管理暂行办法〉的通知》（财预〔2017〕35 号）
预算管理	2015 年 3 月 18 日	《关于印发〈2015 年地方政府专项债券预算管理办法〉的通知》（财预〔2015〕32 号）
	2015 年 4 月 10 日	《关于印发〈2015 年地方政府一般债券预算管理办法〉的通知》（财预〔2015〕47 号）
	2016 年 11 月 9 日	《关于印发〈地方政府一般债券预算管理办法〉的通知》（财预〔2016〕154 号）
		《关于印发〈地方政府专项债券预算管理办法〉的通知》（财预〔2016〕155 号）
2. 防范和化解债务风险		
建立风险预警机制	—	以地方政府各自发文为主，比如《海南省地方政府性债务风险预警与应急预案》《四川省政府债务风险评估和预警暂行办法》等
建立风险应急处置机制	2016 年 10 月 27 日	《国务院办公厅关于印发〈地方政府性债务风险应急处置预案〉的通知》（国办函〔2016〕88 号）
	2016 年 11 月 3 日	《财政部关于印发〈地方政府性债务风险分类处置指南〉的通知》（财预〔2016〕152 号）

续表

文件要点	发文时间	文件名称
严肃财经纪律	2016 年 11 月 24 日	《关于印发〈财政部驻各地财政监察专员办事处实施地方政府债务监督暂行办法〉的通知》（财预〔2016〕175 号）
防控系统性金融风险	2021 年 7 月 9 日	《银行保险机构进一步做好地方政府隐性债务风险防范化解工作的指导意见》（银保监发〔2021〕15 号）
保障措施：1. 信息披露和问责机制		
完善债务报告和公开制度	2015 年 11 月 16 日	《关于印发〈政府财务报告编制办法（试行）〉的通知》（财库〔2015〕212 号）
建立考核问责机制	—	2017 年 7 月 14 日全国金融工作会议强调，各级地方党委和政府要树立正确政绩观，严控地方政府债务增量，终身问责，倒查责任
强化债权人约束	2018 年 3 月 28 日	《关于规范金融企业对地方政府和国有企业投融资行为有关问题的通知》（财金〔2018〕23 号）
2. 加强组织领导		
财政部	2018 年 2 月 24 日	《关于做好 2018 年地方债务管理工作的通知》（财预〔2018〕34 号）
发改委	2018 年 2 月 8 日	《关于进一步增强企业债券服务实体经济能力严格防范地方债务风险的通知》（发改办财金〔2018〕194 号）
审计署	2018 年 4 月 18 日	《2017 年第四季度国家重大政策措施落地情况跟踪审计结果》
3. 改革管理方式		
国务院	2021 年 4 月 7 日	《国务院关于进一步深化预算管理制度改革的意见》（国发〔2021〕5 号）
上海证券交易所	2022 年 4 月 29 日	《上海证券交易所公司债券发行上市审核规则适用指引第 3 号——审核重点关注事项》（上证发〔2022〕63 号）

从上述整理出的规范性文件可以看出，监管部门会在一段时间内集中对地方政府融资平台、PPP 项目、政府性产业投资基金、政府购买服务进行严格规范，政策时紧时松，没有一个长期的、稳定的、系统的法律规制体系，这加剧了地方政府隐性债务风险的积累。

第三章 地方政府隐性债务风险的成因

分税制改革导致地方政府的财权缺乏弹性，与越来越繁重的事权不对等，同时1995年《预算法》不允许地方政府发行债券融资，限制了地方政府的融资能力。为了满足地方政府日益增长的融资需求，中央财政可以代地方政府发行债券，但这仍然不能满足地方政府融资的需求，于是地方政府融资平台作为一种融资创新方式被广泛应用，地方政府财政问题通过融资平台等方式以金融的方式解决了。但是，财政问题用金融方法解决，只能是暂时缓解地方政府财权与事权之间的矛盾，治标不治本。① 由此引发的隐性债务风险问题更是一个缓慢发展的过程，下文将对这个过程详细论述。

一、隐性债务产生的根源：地方政府收支体系失衡

分税制改革对地方政府最大的影响在于改变了原有的收入和支出关系，地方政府只能被动地接受规则，税收可调整的空间有限，而支出的弹性远远超过税收的弹性，这就为地方政府收支体系失衡埋下了隐患。

（一）地方政府财政收入增长有限

分税制是一种财政管理体制模式，其将维护国家权益、实施宏观调控必需的税种划分为中央税②，将同经济发展直接相关的主要税种划分为中央地方

---

① 张绘．支出结构优化助力地方财政可持续发展［J］．地方财政研究，2019（6）．

② 中央税系统：消费税，车辆购置税、关税、进口增值税，铁道部门、各银行总行、各保险总公司集中缴纳的营业税、所得税、城市建设维护税，中央企业缴纳的所得税，中央与地方所属企业、事业单位组成的联营企业、股份制企业缴纳的所得税，地方银行、非银行金融企业缴纳的所得税，海洋石油企业缴纳的所得税、资源税，外商投资企业和外国企业所得税，个人所得税中对储蓄存款利息所得征收的部分，中央税的滞纳金、补税、罚款，证券交易印花税。

共享税①，将适合地方政府征管的税种划为地方税②。分税制限制地方政府税收主要表现在以下几个方面：一是不具备税收划分决定权。表面看税收划分得非常合理，考虑到了中央和地方政府通过税收对区域内的经济调控功能和征管便利，但税收范围划分的决定权在中央而不在地方，中央选择征收成本较低的税种，将征收成本高的税划给了地方政府，地方政府只能被动地接受。比如说营业税改增值税，虽然营改增后地方政府增值税分成比例从25%变为50%，但取消了营业税，这充分体现了地方政府没有税收划分决定权。二是不具备税种、税率设置权。根据税收法定原则，税种和税率只能由法律规定，没有相应的法律，政府不能征税，也就是说税种、税率的决定权在中央，不在地方政府。三是不具备扩大税基的控制权。地方政府在没有税收划分决定权和税种、税率设置权的情况下，只能发展经济扩大税基，但影响税基扩大的因素有很多，地方政府不具备完全的控制权。综上所述，分税制对于地方政府税收的限制非常明显，地方政府只能另辟蹊径，寻找其他途径增加收入，这就为土地财政、地方政府债务等问题的产生提供了土壤。

（二）地方政府支出责任不断增大

1994年分税制改革以来，因为客观原因，中央政府与地方政府事权划分从维持现状、小部分调整到事权下沉，地方政府支出责任范围不断增大。比如三峡移民工程属于中央事务，但要求地方给予配套资金。中央出台政策调整国民经济结构、协调地区发展、实施宏观调控时，常常需要地方筹措配套资金，并在财权和事权改革过程中强调“中央与地方财政事权和支出责任划分不尽合理，一些本应由中央直接负责的事务交给地方承担，一些宜由地方负责的事务，中央承担过多，地方没有担负起相应的支出责任；不少中央和

---

① 中央地方共享税：增值税2016年5月之前中央为75%，地方为25%，2016年5月1日全面营改增之后中央为50%，地方为50%；企业所得税与个税，中央为60%，地方为40%。

② 地税系统：营业税、城市维护建设税（不包括上述由国家税务局系统负责征收管理的部分），地方国有企业、集体企业、私营企业缴纳的所得税，个人所得税（不包括对银行储蓄存款利息所得征收的部分），资源税，城镇土地使用税，耕地占用税，土地增值税，房产税，城市房地产税，车船使用税，车船使用牌照税，印花税（除证券交易印花税），契税，屠宰税，筵席税（2008年停征），农业税（已停征）、牧业税及其地方附加，地方税的滞纳金、补税、罚款。

地方提供基本公共服务的职责交叉重叠，共同承担的事项较多”①。为了进一步完善央地事权和支出责任划分体制，国务院接连印发了多份政策性文件，在科技、教育和生态环境等领域细化事权和支出责任划分。细化后地方政府支付责任进一步增大，事务向下一级政府下沉，地方政府财政压力越来越大，尤其是县一级政府。尽管分税制财政管理体制中有转移支付分配制度，可以弥补税收初次分配中存在的问题，帮助地方政府平衡收支，但对于市、县级事权的扩张趋势而言，转移支付无法有效解决事权扩张带来的资金问题。财力分配权与转移支付权高高在上，基层财政无法从财政体制内分配到足够多的收入，这就为违规举债埋下了隐患。

地方政府税收努力可获得的回报受到很多方面的限制，取得的效果有限。同时，经济发展中地方政府支付责任范围的不确定性导致其财政压力较大。地方政府除了税收努力和争取更多中央的转移支付外，只能寻找各种方法维持收支体系的平衡，积极探寻非税的财政努力。非税收入的管理不如税收规范，这也为地方政府寻找更多的非税收入创造了条件，比如地方政府隐性债务。②

二、隐性债务风险的积累：地方政府融资渠道受限

1995 年《预算法》两次修订后，从最初的不允许地方政府发行债券到允许地方政府在规定范围内发行债券，在地方政府举债方面作出了重要的改变，但与经济发展的速度和地方债务管理理论的发展仍有差距。现行《预算法》的基本理论和内容对地方政府融资能力限制非常明显，笔者将对此进行重点论述。

（一）地方政府举债用途受限

“经国务院批准的省、自治区、直辖市的预算中必需的建设投资的部分资

① 《国务院关于推进中央与地方财政事权和支出责任划分改革的指导意见》（国发〔2016〕49号）。

② 李婉．分税制对地方税收努力与财政努力的影响差异研究：基于中国省级面板数据的分析［J］．求索，2015（6）：54－58.

金，可以在国务院确定的限额内，通过发行地方政府债券举借债务的方式筹措。”“举借的债务应当有偿还计划和稳定的偿还资金来源，只能用于公益性资本支出，不得用于经常性支出。”① 对于地方政府发行一般债券和专项债券财政部印发了规范性文件，对债券用途做了细化，将范围圈定在公益性项目。② 公益性项目是否具有公益性是区别一般债券和专项债券的前提，一般债券对应的公益性项目没有收益，专项债券对应的公益性项目有一定的收益。政府公益性项目一般具有以下两个特征：一是非营利性。公益性项目不以营利为目的，不向投资者分配利润，为社会公共利益服务，如市政建设、公共交通、公共卫生、基础科研、义务教育、保障性安居工程等项目。二是公共服务性。公益性项目在地方经济社会建设中有较大的影响，项目的投资规模大，项目的建设、运行会对地方经济社会产生较大的影响，提高了公共产品供给和服务水平。综上所述，根据《预算法》规定，地方政府只能为公益性项目举借债务，而公益性项目的特征决定了其特有的管理模式没有遵循市场经济规律，是政府干预经济的一种方式。实践中地方政府为了发展本地区的经济，会将一些项目包装成公益性项目举借债务，虽然项目顺利获得融资，但实施过程中扭曲了地方经济发展规律，政府过多干预经济，资源发生错配，最终会进一步限制地方政府的融资能力。

（二）地方政府举债方式受限

2014 年修订的《预算法》规定地方政府只能通过发行政府债券举借债务，对于以前的地方政府存量债务要求通过发行债券予以置换，严格限制了地方政府的举债方式。2019 年 1—12 月，全国发行地方政府债券 43624 亿元，

① 参见《中华人民共和国预算法》第三十五条。

② 《地方政府专项债券发行管理暂行办法》第二条：“地方政府专项债券（以下简称专项债券）是指省、自治区、直辖市政府（含经省级政府批准自办债券发行的计划单列市政府）为有一定收益的公益性项目发行的、约定一定期限内以公益性项目对应的政府性基金或专项收入还本付息的政府债券。”《地方政府一般债券发行管理暂行办法》第二条，“地方政府一般债券（以下简称一般债券）是指省、自治区、直辖市政府（含经省级政府批准自办债券发行的计划单列市政府）为没有收益的公益性项目发行的、约定一定期限内主要以一般公共预算收入还本付息的政府债券。”

其中发行一般债券 17742 亿元，发行专项债券 25882 亿元。① 从近几年公布的地方政府债务数据中可以看出，以政府债券形式存在的债务占政府债务总额的比例逐年增加（见表 3－1）。

表 3－1　2017—2019 年地方政府融资方式比较②

单位：亿元

名称	2017 年 12 月 31 日	2018 年 12 月 31 日	2019 年 7 月 31 日
地方政府债务总规模	164706	183862	210653
政府债券	147448	180711	206745
非政府债券	17258	3151	3908
政府债券占比	89.52%	98.29%	98.14%

从表 3－1 所列的数据可以直观地看到地方政府债券融资比例越来越高，非政府债券规模和比例逐渐压缩，预算制度对地方政府融资方式的限制力度越来越强，是一种预算硬约束。利用债务置换释放地方债务压力和修复资产负债表，短期内地方政府债务可以得到一定的平衡，但长期来看对地方政府融资方式有所限制，又不能减轻地方政府财政压力，只能逼迫地方政府另辟蹊径违规举债。

（三）地方政府举债额度受限

地方政府债务余额实行限额管理，地方政府年度债务限额等于上年地方政府债务限额加上当年新增债务限额（或减去债务限额），具体分为债务限额和专项债务限额。③ 国务院根据国家宏观经济形势等因素确定地方政府债务总额，并报全国人民代表大会批准，国务院可以根据经济形势适当扩大或削减债务总额。省级财政部门严格按照限额举借地方政府债务，合理安排地方政府债券发行工作，地方政府新发生的或有债务，要严格限定在依法担保的外

① 财政部 . 2019 年 12 月地方政府债券发行和债务余额情况［EB/OL］．［2020－06－22］．http：//www.gov.cn/xinwen/2020－01/22/content_ 5471586.htm.

② 朱文蔚．地方政府债务融资的理论逻辑、演化特征及发展态势［J］．福建论坛（人文社会科学版），2020（5）：77－87.

③ 参见《关于对地方政府债务实行限额管理的实施意见》。

债转贷范围内，根据合同依法承担相关责任。地方政府存量债务中通过银行贷款等非政府债券方式举借部分，通过 3 年左右的过渡期，发行地方政府债券置换。2010 年以前，根据《预算法》等法律法规的规定，地方政府禁止直接举借债务，但地方政府在经济发展中积累了大量的债务，地方政府性债务的界定在实践中一直处于模糊的状态。① 2010—2013 年审计署对地方政府债务进行多轮审计认定，2014 年 10 月财政部专门针对债务的甄别认定下发了《地方政府存量债务纳入预算管理清理甄别办法》的通知，各地集中清理甄别和上报截至 2014 年末的存量政府性债务。根据全国人大常委会预算工委的调研报告，截至 2014 年末，全国地方政府债务余额为 15.4 万亿元，《关于对地方政府债务实行限额管理的实施意见》（财预〔2015〕225 号）提出，上述债务中，“通过银行贷款等非政府债券方式举借部分，通过三年左右的过渡期，由省级财政部门在限额内安排发行地方政府债券置换”。2015—2018 年全国累计发行置换债券 12.18 万亿元，截至 2018 年末，地方政府债务中仍有超过 2000 亿元非政府债券形式的存量债务。综上所述，预算制度规定地方政府只能在规定的额度内发行一般债券、专项债券和置换债券，地方政府无法根据自身情况灵活调整债务额度。

三、隐性债务风险的扩大：地方政府滥用金融工具

地方政府债务问题本身是财政问题，但因为地方政府资金需求逐渐增长，融资方面又受到种种约束，最终催生出融资平台等一些精妙的制度安排，以金融方法解决地方政府资金短缺问题，可谓财政问题“金融解”。随着国家对地方政府债务监管力度的加强，地方政府或有债务逐渐转变为隐性债务，举债主体从融资平台向非平台的地方国有企业转移，使得地方政府隐性债务更加复杂和不透明。长期看，由于预算制度存在硬约束和软约束，财政制度如果不能解决地方政府资金需求与融资能力之间的冲突，地方政府隐性债务新

① 宋琳．财政风险金融化视域下的地方债置换法律规制问题研究［J］．西南大学学报（社会科学版），2018（1）：62－69．

增的压力仍然存在。金融制度是如何让地方政府债务扩张到不得不重视的程度呢？笔者将以融资平台为例，对此进行简单的论述。

第一，融资平台的萌芽与发展。我国最早的地方政府融资平台是1987年成立于上海的久事公司，成立的目的是扩大利用外资，与现在常见的融资平台不太一样。随后2002年重庆市属国有企业整合成8家国有投资公司，即重庆的“八大投”，重庆市政府向8家投资公司注入路桥、土地等资产，然后通过“八大投”进行融资，用于地方基础设施建设，后来的政府融资平台基本延续了这一运作模式。2008年金融危机发生后，为了配合中央政府刺激经济的政策，地方政府融资平台进入了迅速发展阶段。同时人民银行联合银监会发布政策性文件，提出“支持有条件的地方政府组建投融资平台，发行企业债、中期票据等融资工具，拓宽中央政府投资项目的配套资金融资渠道。”①此后地方政府融资平台在短期内规模急剧增加，截至2010年末，地方政府融资平台举借的债务规模接近5万亿元，占地方政府债务总额的46%。

第二，融资平台的规范与国企举债的兴起。地方政府融资平台在短期内快速增长引起了监管部门的重视，2010年6月国务院发文首次明确定义了地方政府融资平台②，要求清理和规范融资平台。③ 2010年至2014年期间对地方政府融资平台的清理和规范产生了部分效果，但没有从根本上控制住地方政府性债务规模的增长。截至2013年6月末，地方政府性债务余额17.5万亿元，2010年至2013年6月期间地方政府性债务的年化增长率接近22%，比2010年的19%还要高，这说明清理和规范融资平台并没有遏制住政府性债务的增长。

地方政府性债务没有被有效控制住的原因在于，地方政府举债主体从融

① 人民银行、银监会：《关于进一步加强信贷结构调整、促进国民经济平稳较快发展的指导意见》（银发〔2009〕92号）。

② 国务院：《关于加强地方政府融资平台公司管理有关问题的通知》（国发〔2010〕19号），地方政府融资平台公司是指由地方政府及其部门和机构等通过财政拨款或注入土地、股权等资产设立，承担政府投资项目融资功能，并拥有独立法人资格的经济实体。

③ 2010年7月财政部发布《关于贯彻〈国务院关于加强地方政府融资平台公司管理有关问题的通知〉相关事项的通知》（财预〔2010〕412号），2010年8月银监会发布《关于地方政府融资平台贷款清查工作的通知》，2010年12月银监会发布《关于加强融资平台贷款风险管理的指导意见》。

资平台转向地方国企。从地方政府性债务的审计报告中可以看出，融资平台的债务年化增长率只有10%，低于全部地方政府性债务22%的增速，这说明有其他方式发展起来，替代了融资平台。其中最明显的就是地方国有企业，地方政府通过非平台地方国有企业举借地方政府性债务，使地方政府性债务举借途径更加隐蔽，也让地方政府性债务问题更加复杂。

第三，新老划断与隐性债务的产生。2014年9月国务院出台了43号文件，想要通过疏堵结合的方式解决地方政府性债务问题，允许省级政府发行地方政府债券置换纳入预算管理的政府存量债务。同时对地方政府债务规模实施限额管理，要求地方政府不得通过企事业单位等主体举借债务，明确区分政府和企业的责任。想要解决债务置换的问题，就不得不对债务进行甄别，将其区分为一般债务、专项债务和非政府债务，新债务不得采取除地方政府债券以外的其他方式举借。这些并没有地方政府或明或暗的担保，投资者仍然"认为"其具有政府信用背书的债务，称为地方政府隐性债务。① 最关键的是，这些地方政府隐性债务与国有企业因正常经营而借入的普通债务之间并没有一个十分明确的分界点，两者交织在一起，难以区分，潜藏着大量的不确定性。

综上所述，分税制改革导致地方政府事权和财权不对等，支大于收，地方政府收支系统不平衡。而无论是2014年以前的《预算法》，还是2014年、2018年修订的《预算法》对地方政府融资能力的限制都非常明显，归根到底，地方政府性债务问题是财政管理制度导致的，地方政府无法在财政中获得解决方案，就只能向金融体系寻求解决方法。2008年金融危机后，经济下行压力较大，为了配合中央政府经济刺激政策的实施，地方政府一方面利用金融工具解决资金短缺的问题，缓解财政压力；② 另一方面又没有办法从财政角度理顺自己的收支，达到一个基本的收支平衡和规范管理，导致债务规模越来越大。

---

① 汤春华，张雪晴．地方政府债务置换的国际实践及启示［J］．金融纵横，2018（5）：63－67.

② 缪小林，程李娜．PPP防范我国地方政府债务风险的逻辑与思考："从行为牺牲效率"到"机制找回效率"［J］．财政研究，2015（8）：68－75.

第四章 地方政府隐性债务风险的监管：穿透式原则

虽然地方政府债务风险总体可控，但部分地区违法违规或变相举债融资的现象仍然存在，所形成的地方政府隐性债务可能成为我国地方政府债务中的重大风险隐患。要有效地防范和化解地方政府隐性债务，建立一个有效的监管机制至关重要。鉴于地方政府隐性债务越来越隐秘的产生方式，本书提出应在地方政府隐性债务中应用穿透式监管，监督地方政府举借债务的全过程，做到违法违规行为的监督防范，早发现早化解。本书将以穿透式监管的基本内容为切入点，系统介绍穿透式监管的理论渊源、基本原则和适用边界，进而明确在防范和化解地方政府隐性债务过程中穿透式监管适用的必要性，最后提出穿透式监管应用中法律障碍的解决方式。

一、地方政府隐性债务风险穿透式监管的理论依据及必要性

从上文统计的有关监管文件中不难发现，监管的重点放在了发债资格和风险处置等方面，内容既不全面，又不系统，采取的主要是行政监管措施。地方政府隐性债务作为地方政府债务的雷区，与地方政府经济的长期政策息息相关，有必要对其采取体系化的监督。

（一）地方政府隐性债务风险穿透式监管的理论依据

地方政府隐性债务作为地方政府性债务的一种，不同于一般债务，是以地方政府作为债务承担者的债务，涉及政府公共服务和经济发展等问题。政府是提供公共物品和服务的主体，政府举借债务提供福利是许多西方国家社会发展的基本路径。但地方政府举债过程中可能会有滥用权力的现象发生，与之伴生的是不受监管的债务，类似于本书探讨的隐性债务，因此有必要对

地方政府举债行为进行监管。监管的理论依据主要有以下 3 个：

1. 权力控制理论

在央地财政分权理论下地方政府提供公共物品，较中央政府提供公共物品效率高，信息更加通畅，从信息经济学的角度用分权定理可以进一步证明地方政府发行公债的合法性和必要性。① 理论上，财政权力和事务权力分配是相匹配的，财权能够保障事权的正常实施，但由于财政体制等诸多限制，国家财力不足以时时刻刻保障所有的事务，尤其是各级地方政府多样化的事务需求。因此，需要地方政府根据本地区发展情况，提供公共服务，作出财政方面的安排，可以对外举借债务。地方政府举借债务的权力是需要受到约束的，基于权力控制的宪政理念，对地方政府发债行为的监管在于控制行政权力的滥用，约束行政权力，地方政府隐性债务的产生就是行政权力滥用的“恶果”。

2. 社会整体利益理论

庞德在《通过法律的社会控制：法律的任务》一书中将利益分为个人利益、公共利益和社会利益。② 该书认为社会整体利益这个概念在不同的时代有不同的内涵，内容具有一定的弹性，是个人利益和公共利益的上位概念。地方政府一方面要平衡财政收支，另一方面要保障公共物品和服务的供给，在财政收入弹性较小的条件下，只能依靠地方政府债务来调解和平衡。现代地方政府债务管理制度建立过程中围绕的一个中心思想就是，如何保障社会整体利益，考虑社会整体效能，要遏制住基于自己利益考虑的冲动。地方政府隐性债务的产生和发展，就是地方政府在举借债务时将自己的利益凌驾于社会整体利益之上，没有受到严格的监管。

---

① 奥茨分权定理：对某种公共品来说，如果对其消费涉及全部地域的所有人口的子集，并且关于该公共品的单位供给成本对中央政府和地方政府都相同，那么让地方政府将一个帕累托有效的产出量提供给他们各自的选民则总是要比中央政府向全体选民提供的任何特定的且一致的产出量有效率得多。因为与中央政府相比，地方政府更接近自己的公众，更了解其所管辖区选民的效用与需求。也就是说，如果下级政府能够和上级政府提供同样的公共品，那么由下级政府提供则效率会更高。参见苗连营，程雪阳．分税制、地方公债与央地财政关系的深化改革［J］．河南省政法管理干部学院学报，2009（4）：24－30.

② 刘继锋，曹阳．我国地方政府债务法律监管研究［J］．法学杂志，2017（8）：76－85.

3. 适度干预理论

如果权力控制理论和社会整体利益理论是给地方政府隐性债务监管的必要性提供支持，那么适度干预理论就是构建监管制度时应秉持的基本理论。[①] 40 多年来我国地方政府以 GDP 增长率为政绩考核核心指标，形成了一种政治激励比赛。地方政府尤其是领导者常常为了政治利益展开经济行为，其机会主义行为带有明显的逐利特征，将自身利益掺入决策中。为了避免地方政府基于 GDP 考核和政治利益竞争，采取激进的、与公共事务不匹配的举债政策，中央对地方政府隐性债务进行适度监管，有利于纠偏地方政府的举债行为，避免因一时的政绩竞争，忽视了长期的债务系统的健康循环。强调健康循环，就必须强调监管的适度性，过严则地方政府债务系统缺乏弹性，过宽则地方政府债务系统被隐性债务所蚕食。

综上所述，对地方政府隐性债务采取监管是基于对行政权力的约束，假设行政权力有滥用的冲动，必须对其加以限制，限制的目的是保护社会整体利益。地方政府隐性债务是地方政府债务系统中的病灶，不能因地方政府一时的利益选择，就忽略或侵害社会整体利益。而适度干预理论解决的是监管的尺度问题，而控制监管尺度，首先要正确认识隐性债务的产生根源和运行机制，然后在保证地方政府债务系统健康运转的前提下，去控制或监管它。

（二）地方政府隐性债务风险穿透式监管的必要性

穿透式监管是一种监管理念，目的在于穿透表象发现背后真实的关系，再根据真实关系和内容，确定对其适用哪种监管措施。对地方政府隐性债务的防范和化解采取穿透式监管，就是穿透各类复杂的举债主体、举债项目、融资方式和资金投向，掌握各级地方政府真实的举债情况，预防地方政府隐性债务的产生。近年来，地方政府债务管理制度日趋完善，监管问责一直保持高压态势，但地方政府违法违规举借债务更加隐蔽，五花八门，花样不断翻新，实施穿透式监管十分必要。财政部印发的《关于规范金融企业对地方

---

① 张宇润．地方债券化解地方政府债务结构风险的法律思考［J］．江淮论坛，2016（1）：98－104.

政府和国有企业投融资行为有关问题的通知》（财金〔2018〕23 号）第二条“资本金审查”中就提出，“国有金融企业向参与地方建设的国有企业（含地方政府融资平台公司）或 PPP 项目提供融资，应按照‘穿透原则’加强资本金审查，确保融资主体的资本金来源合法合规，融资项目满足规定的资本金比例要求。”

第一，对地方政府隐性债务实行穿透式监管是防范地方政府债务发生系统风险的需要。近年来，各级地方政府绕开监管，以融资平台或国有企业作为融资主体，违法违规举借债务，用各种方式掩盖融资项目增信方式、资金用途和流向，形成无法监控到的地方政府隐性债务，并且风险不断累积，并向经济系统、金融系统蔓延。

第二，对地方政府隐性债务实行穿透式监管是理清地方政府债务边界的需要。目前地方政府性债务组成非常复杂，各级审计部门、财政部门掌握的数据并不准确，有很多隐性债务还有待于进一步清查。实行穿透式监管，秉持实质重于形式原则，准确识别地方政府隐性债务的真面目，判断地方政府承担债务的规模。理清责任边界，政府的责任归政府，市场的责任归市场，让金融机构正确认识政府主导项目的性质，避免产生地方政府会兜底、中央政府会救助的幻想。

第三，对地方政府隐性债务实行穿透式监管是管理地方政府债务资金的需要。之所以会产生隐性债务，往往是举债的项目不符合政府正规融资的条件，地方政府不得已违法违规举借，举借来的资金真实流向和实际用途很难得到保障。因此，实施穿透式监管可以引导地方政府合法合规举借债务，确保举借资金会在多方监管下合法使用，金融杠杆不会被滥用。

综上所述，地方政府隐性债务是地方政府债务管理制度发展和转型过程中必须面对的一个问题，既要有序化解存量隐性债务，又要防范新增隐性债务，而穿透式监管蕴含的基本理论和措施与防范地方政府隐性债务的需求不谋而合。有的地方政府举债项目结构复杂、资产和资金链条较长、信息不透明，如果不采取穿透式监管，一方面影响地方政府债务系统的正常运转，另一方面会影响到市场主体的自由竞争和金融机构的稳定。

二、地方政府隐性债务风险穿透式监管的基本内容

近年来，穿透式监管在金融领域的应用取得的成绩为人所关注，作为一种监管理念受到越来越多的重视。虽然穿透式监管尚未形成相对成熟的理论与制度机制，但其在金融领域中的实践，启发了笔者对于地方政府隐性债务采取穿透式监管的想法。

(一) 地方政府隐性债务风险穿透式监管的理论基础

关于穿透式监管的理论基础有很多解读，之前穿透式监管理念主要被应用于金融监管领域，学界比较认同的关于穿透式监管的观点是，穿透式监管是指透过金融产品的表面形态，通过穿透金融产品的资金来源、中间环节和最终投向，以业务功能明确监管规则。① 那么，穿透式监管应用在防范和化解地方政府硬性债务时，应吸收金融穿透式监管实践的经验，从自身特点出发，重新解读穿透式监管的基本原则和适用边界。

1. 穿透式监管的理论渊源

穿透式监管中的“穿透式”一词最早来源于1940年的《美国投资公司法》和《美国投资顾问法》中的“穿透条款”(Look Through Provision)。② 美国是世界上最早提出穿透式监管的法律规定的国家，并将这一方式应用到多部法律中。1940年《美国投资公司法》第2 (a) 28条“穿透条款”规定，“如果某一投资公司持有第3 (c) (1) 条下基金10%以上份额则该投资公司所有受益人也被计入合格投资者人数限制”。2010年，为了应对后金融危机时代的挑战，美国的金融监管政策发生了较大的变化，设立了金融稳定监督委员会(FSOC)，对美联储、消费者金融保护局、联邦存款保险公司、财政部、证券交易委员会、商品期货交易委员会等多部门的监管行为统一协调，帮助维护金融稳定。这种全方位的监管是穿透式监管在美国金融监管领域的一次

① 王妍，赵杰，不完备法律理论对穿透式监管的启示 [J]. 征信，2019 (5)：62-72. 2016年4月12日国务院办公厅发布的《关于印发互联网金融风险专项整治工作实施方案的通知》中提出采取穿透式监管。

② 祁永忠. 穿透式金融监管：理论、实践及启示 [J]. 宁夏党校学报，2018 (6)：93-97.

重要拓展。

2008 年金融危机后，英国对金融领域的监管提出新的规划，发布了《金融监管新办法：改革蓝图》等一系列法律法规。从宏观和微观两个层面对金融市场进行全面监管，分别设立了金融政策委员会和英格兰银行内部审慎监管署。穿透式监管在很多方面都有体现。例如，对于 P2P 的监管，英国 FCA 发布的《关于通过互联网众筹及通过其他媒介发行非易于变现证券的监管方法：对于 CP13/13 的反馈说明及最终规则》中涉及穿透式监管的规定，创设对 P2P 网络借贷监管的基本原则和七项基本规则，要求所有 P2P 网贷平台必须明确告知消费者商业模式及延期或违约贷款评估方式等信息。2010 年欧盟通过了《泛欧金融监管改革法案》，统一检测欧洲各国金融体系的运转。从美、英和欧洲国家采用穿透式监管的方式和应用领域来看，他们都比较重视宏观和微观监管的信息合作和各环节的穿透联系，监管机构之间的信息分享和协调机制。

我国最早提出穿透式监管是在互联网金融领域，[①] 穿透式监管并不是一种监管政策，而是一种方式和理念。这种理念逐渐向其他领域渗透，尤其是地方政府债务风险监管。笔者认为地方政府隐性债务监管与金融领域的监管非常像，主要体现在 3 个方面：一是地方政府以金融方式举借债务；二是监管主体大部分重合，监管规范体系类似；三是风险的累积和扩散方式相似，均具有系统性。因此，在防范和化解地方政府隐性债务风险时，采取穿透式监管方法的效果会更好。

2. 穿透式监管的基本原则

穿透式监管是一种监管方法，更是一种监管理念，其遵循的原则与会计核算准则中的实质重于形式原则所蕴含的思想是一致的，即透过表象发现背后的本质。实质重于形式原则是《国际会计准则》中的一项会计核算基本原则，在会计上应用广泛。穿透式监管应用在地方政府隐性债务防范和化解方

① 2016 年 3 月 25 日互联网金融协会挂牌仪式上，时任央行副行长潘功胜强调互联网金融监管要实施穿透式监管，透过互联网金融产品的表面形态看清业务实质，将资金来源、中间环节与最终投向穿透连接起来，按照“实质重于形式”的原则甄别业务性质，根据业务功能和法律属性明确监管规则。

面时，实质重于形式原则同样是穿透式监管的基本原则，其内含的思想与地方政府隐性债务的防化要求吻合，可以有效地指导地方政府债务监管的全过程。其应用主要体现在以下3个方面：一是地方政府债务监管的标准。财政部、审计署和人民银行在统计地方政府债务时的标准不尽相同，实质重于形式原则要求统一地方政府债务的监管标准，从事实出发，总结相同或类似的债务统计标准，进一步明确地方政府隐性债务的样态，采取相对统一的监管标准，加强地方政府债务管理。二是宏观和微观监管相结合。实质重于形式原则要求对地方政府隐性债务的监管要拨开面纱看见真面目，宏观和微观不同层面的监管就是拨开面纱的过程，宏观层面主要是指监管部门制定的监管规则，微观层面是指对地方政府违规举债行为的监管。三是平衡债务隐性风险与地方发展之间的关系。要从事情的本质去综合考量地方政府隐性债务带来的风险，做到既不夸大，也不忽略，真正立足于地方经济社会发展，去平衡地方政府隐性债务风险与地方发展之间的关系。①

综上所述，穿透式监管最重要的含义是，透过现象看本质，实质重于形式，需要利用多种监管方法，拨开地方政府隐性债务的面纱，一方面可以准确识别哪些债务是地方政府隐性债务，另一方面可以震慑地方政府违法违规举借债务的冲动。

（二）地方政府隐性债务风险穿透式监管的应用范围

对地方政府隐性债务采取穿透式监管，表面看只是一种监管方式，是一种“公法”，但实际上监管的过程会涉及很多金融机构、融资平台和其他不同性质的公司，这就包括“私”的因素。因而穿透式监管含有“公”和“私”双重因素，偏“公”则压制“私”的正常发展，偏“私”则没有兼顾公共利益，面对“公”和“私”尺度问题，如何划定穿透式监管的应用边界是解决这个矛盾的重点。

1. 穿透式监管边界划定的前提

穿透式监管本质上是一种监管方法、思想，实质重于形式，是为了防范

① 刘继锋，曹阳．我国地方政府债务法律监管研究［J］．法学杂志，2017（8）：76－85.

和识别地方政府违规举借债务所产生的隐性债务，那么在划定监管边界前，要先论证一个基本的前提，那就是穿透式的法律监管是有效的。① 有学者将法律视为金融发展的内生因素，认为法律的监管对于金融发展尤为重要。② 那么，对于与金融息息相关的地方政府债券和其他形式的债务而言，法律监管理应起到同样的作用。

各个监管部门对地方政府债务风险的控制非常严格，会根据实际情况发布一些规范性文件，但所谓“上有政策下有对策”，政策制定得再好，地方政府总可以找到方法规避。这种现象屡禁不止，屡见不鲜，常常有人质疑监管的作用。那么穿透式监管也可能面临这样的问题，所以我们要充分地认识到影响监管效果的因素是复杂的，其中有法律概括性、抽象性和滞后性所带来的影响，还有监管政策设计、实施等带来的影响。因而采取穿透式监管时要充分认识到，即使是穿透式监管，也会受到法律效能特点的制约和其他因素的影响，要正确认识穿透式监管的有效性。

2. 穿透式监管边界划定的原则

穿透式监管划定的原则是合理实施监管权原则，简称合理实施原则，基于地方经济社会发展的不确定性和法律的不完备性，地方政府债务监管部门被赋予了一定的立法权和执法权，监管权应受到合理的制约是学界共识。合理实施监督权是穿透式监管边界划定遵循的基本原则，监督权的合理使用有很多相关理论，从国家干预公共利益理论到适度监管的“俘获理论”，再到自由化理论，论述十分丰富。在穿透式监管划定边界时，在明确法律监管有效性的前提下，上下各级监管部门和地方政府应达成合理实施监管权的共识。地方政府隐性债务的穿透式监管权，本质上调整的也是市场与政府的关系，可能面临市场失灵和政府失灵等情况，而市场失灵具有一定的客观性，监管的作用有限。例如，穿透式监管无法干预银行或其他金融机构等社会资本将资金举借给地方政府，或参与地方政府主导的投资项目。在监管效果有限的

---

① 王妍，赵杰．不完备法律理论对穿透式监管的启示［J］．征信，2019（5）：67－72.

② 王妍，赵杰．“金融的法律理论”视域下的“穿透式”监管研究［J］．南方金融，2019（5）：92－98.

情况下，不应过度干预，尤其是“私”的法律关系。

对于政府失灵，可能存在监管成本过高、监督过度和失灵等情况，穿透式监管的合理实施可以从3个方面避免政府监管失灵情况的出现：一是合理分配监管权。所谓的合理分配监管权，就是要衡量监管成本，以成本判断监管权分配的合理性。如果监管成本过高，即使穿透式监管对地方政府隐性债务的防范效果非常好，也有悖于穿透式监管的初衷，不利于地方政府债务系统的良性运转。二是合理制定监管规则。在合理分配监管权的基础上，监管规则的制定尤为重要，好的规则一方面可以引导各级地方政府规范举债行为，另一方面监管部门有清晰、明确的适用规则，防止监管过度或失灵。三是合理采取监管措施。监管规则想要实实在在地落实，离不开监管措施的运用，监管措施是监管部门提供给各级相关部门的抓手，是具体地防范、发现和化解地方政府隐性债务的工具。工具在监管政策实施中的重要性不言而喻，好的工具是成功的一半，可以做到事半功倍。

综上所述，本书认为合理实施原则不是一个传统的法律原则，而是一个做事情通用的原则，是我国传统中庸思想在监管政策中的应用。① 穿透式监管想要达到发现事实，直指地方政府隐性债务本质的效果，需要合理配置监管权，制定监管政策和措施。

3. 穿透式监管边界划定的核心

划定穿透式监管边界的核心是重视法律的弹性，一个监管制度建立后在很长一段时间是要求保持稳定的，因为只有稳定的监管，才能给各级地方政府、金融机构、企事业单位、民营企业等主体提供一个稳定的预期，这种预期是地方政府债务系统稳定的重要基础。监管制度保证稳定，那么怎么根据实际情况适度调整呢？这时就需要依靠法律的弹性，来保证监管体系的弹性，保证穿透式监管的适应性。这里的法律应广义理解，不仅包括一般意义上的法律，还包括各种行政机关的规范性文件，法律的弹性在现实中可以体现在

① 辛积金. 国际“穿透式”监管理论的发展和实践对我国的启示［J］. 西部金融，2018（2）：64－66.

很多方面。

第一，法律的层级。一般情况下，提到法律的层级，就会联想到宪法、法律、行政法规、地方法规和规章等立法法的内容，但其实我国在地方政府债务监管方面，主要依靠的是各级监管部门的规范性文件，真正法律层面的调整只有一部《预算法》。规范等级越高，法律弹性越小，《预算法》的制定和修改程序非常严格，成本较高、周期漫长，所以弹性最小。而国务院、财政部、人民银行和审计署发布的"通知"等规范性文件，则没有那么严格的程序性要求，相比较《预算法》成本低、周期短。因此，建立穿透式监管时，要搭建不同层级的法律法规及规范性文件体系，其中以《预算法》为主，保证法律规范体系的弹性与地方政府债务监管的需求匹配。

第二，法律的创设。法律创设的弹性主要体现在立法权的分配上，同时也是监管权的分配。① 目前国务院、财政部、人民银行、证监会和审计署等部门均可以发布有关地方政府债务监管的一些文件，它们之间的监管权的分配直接关系到法律创设的合理性和弹性。对于地方政府债务风险，尤其是地方政府隐性债务，法律规范创设的针对性、及时性和有用性非常重要，这也是穿透式监管达到预期效果的保障。

第三，法律的解释。相比法律的层级、法律的创设而言，法律的解释更加微观具体，更容易调整。只需要对法律文本采取扩大、缩小等方法重新解释，就可以放宽、收紧监管政策。例如，地方政府一般债券和专项债券发行对标的项目都是公益性项目，如果想要调整一般债券和专项债券发行的规模，可以对公益性项目重新定义或解释，这样比修改《预算法》更容易操作。

综上所述，穿透式监管的思路来源于互联网金融中的穿透式监管，地方政府隐性债务的很多特点与互联网金融相似，即最终债务主体的隐秘性、关系的复杂性、资金来源的多样性和资金投向的不确定性。但穿透式监管对于地方政府隐性债务的防范和化解又与互联网金融不一样，所以需要对穿透式

① 宣春艳. 基于激励与约束的法律视角下地方政府债务监管研究［J］. 内蒙古财经大学学报，2018（5）：81－84.

监管重新解读，提出合适的理论框架，框定监管的边界。

三、地方政府隐性债务穿透式监管的法律障碍及进路

现有地方政府债务监管体系很难识别一些违规举债行为，很难达到穿透式监管的理想效果。围绕防范地方政府隐性债务风险这个目的，需要理顺穿透式监管面临的法律障碍，并针对这些障碍提出完善建议。

（一）穿透式监管的法律障碍

采取穿透式监管防范地方政府隐性债务风险，可能面临一定的法律障碍，涉及监管主体的协调、监管规则的制定和监管边界的厘定等方面，需要调动多方监管部门资源协同推进。在我国目前的地方政府债务管理制度中，穿透式监管适用可能存在以下两个方面的障碍。

1. 监管协调机制不顺畅

多部门监管在地方政府隐性债务快速扩张的趋势下，缺陷已经显露出来，对地方政府隐性债务实现有效监管是穿透式监管追求的目标。穿透式监管的核心目的是穿透复杂的项目融资材料表象，发现实质承担债务的主体，改变不同监管部门举债信息、融资渠道和资金流向等信息分裂的现状。[①] 通过穿透式监管标准的、统一的监管行为，减少信息不对称导致的地方政府隐性债务风险累积，使地方政府债务系统有序运行，这就要求监管部门之间的协调和配合。目前我国地方政府债务系统处于转型阶段，尚未形成较完善的监管协调机制。首先，地方政府隐性债务监管权的配置缺乏协调机制。地方政府债务监管有横向和纵向之分，纵向的监管权可以由上级监管部门统一协调，而横向的监管权协调难度较大，不同监管部门职能不同，对地方政府隐性债务风险的关注点不同，这就可能导致地方政府隐性债务风险防范产生空白空间。其次，地方政府隐性债务监管权的运行缺乏协调机制。各个监管部门之间缺乏信息沟通机制，日常信息交流不够，没有形成一个统一的信息系统，没有

① 涂碧君．我国地方政府债务融资法律监管的完善［J］．法制博览，2018（2）：69.

一个完善的信息披露制度。[①] 最后，地方政府隐性债务监管权的问责缺乏协调机制，不同监管语境下对地方政府违法违规举债的处罚机制不同，如果对违法违规举债行为没有一个综合的判断，就很难作出公正的处罚。长此以往，地方政府就可能避重就轻，违法违规成本较低，不利于地方政府隐性债务风险防范的制度要求。

2. 监管规范体系不健全

穿透式监管思想从被接受到落实，需要体系性的监管制度和完善的规范体系。从地方政府债务规范体系来看，《预算法》的修改难度很高，只能依靠各个监管部门出台的规范性文件。这些文件形式有行政法规、部门规章、地方法规、地方政府规章，但更多的是一些监管部门的内部文件，例如通知。对地方政府隐性债务风险的监管仍未摆脱政策性监管范畴，未完成政策性监管向法律性监管的模式转变。从前文所列的规范性文件内容来看，多为集中性的规范，只有债务风险积累到监管部门重视的程度，才会集中出台多个文件进行规制，缺乏常态化的规范。

穿透式监管面临的法律障碍，其实就是目前对地方政府隐性债务的风险监管面临的法律障碍，要贯彻穿透式监管的理念，就需要解决这些问题。但这些法律障碍产生的根源在于监管权行使的方式没有明确，各自为政，没有完全形成合力，给地方政府违法违规举债留下了空间。

（二）穿透式监管的法律进路

1. 完善监管协调机制

相比传统的地方政府债务监管制度，穿透式监管更强调协调机制的重要性。因而，笔者认为完善监管协调机制应从以下 3 个方面着手：一是建立地方政府债务信息披露平台。在穿透式监管语境下信息的作用不言而喻，只有充分了解地方政府举债信息，才能及时预判地方政府隐性债务产生的风险，并对此作出应急处置。建立地方政府债务信息披露机制，不仅包括《预算法》

① 杨东. 互联网金融的法律规制：基于信息工具的视角［J］. 中国社会科学，2015（4）：107－126＋206.

规定的地方政府一般债券和专项债券信息，还应包括 PPP 项目、政府投资基金等地方政府涉及的所有举债信息。这些信息平时掌握在各个监管部门手中，但没有整合起来建立统一的披露标准。[①] 穿透式监管要求的信息披露机制是统一的、标准的，摆脱多头监管的掣肘，建立一个公开、透明的信息披露平台。二是建立地方政府债务信息共享机制。信息共享机制是建立完善的地方政府债务信息平台的基础，只有完成各监管部门之间的信息共享，才能使地方政府债务信息平台的信息完整。建立信息共享机制的前提是，统一对地方政府债务统计，确定认定标准，尤其是地方政府隐性债务的识别标准，这样才能让信息顺畅地流通，数据才能对接。三是建立地方政府债务问责机制。加强对地方政府主管官员的问责，从根本上杜绝地方政府投机式举借债务的冲动。我国多年来一直将 GDP 增长率作为政绩考核的重要标准，而 GDP 的增长很大程度上依赖于基础建设方面的投资拉动，这类项目是资金密集型项目，需要大量的资金投入，回报时间较长。社会资金较难独立进入该领域投资，常常需要地方政府的配套资金，这也是地方政府隐性债务产生的温床。[②]

综上所述，目前我国地方政府性债务受到多头监管，这种监管模式下可能存在监管盲区。采取穿透式监管防范地方政府隐性债务风险，就需要尽可能地减少监管盲区，而加强多部门之间的协调是最好的方式。协调最好的方式包括但不限于信息共享、信息自由流动，统计数据口径可以互换。

2. 完善监管规范体系

应建立法律或行政法规对地方政府债务进行统一监管，穿透式监管思想的落实有赖于规范体系的统一，这种统一体现在以下 3 个方面：

第一，规范形式的统一。地方政府债务监管一直以来政出多门，让各级地方政府便于钻政策空子。想要建立一个稳定的、穿透式的监管体系，采取统一的规范形式更有利于监管政策的连续性。本书建议建立地方政府债务监管行政法规，行政法规一方面可以统筹各个监管部门的规范性文件，另一方

① 衣亚男．地方政府债务信息披露优化研究［J］．财贸与财税，2019（1）：84－85.

② 姜宏青，于红．地方政府治理与债务信息披露的耦合［J］．财法科学，2016（11）：121－131.

面可以与《预算法》形成合力，改变目前各自为政的局面。

第二，规范内容的统一。地方政府性债务比较复杂，统计口径和范围存在较多争议，未来地方政府债务统一管理可以统一信息数据发布、披露标准和违法违规处置流程等。统一规范内容可以针对地方政府债务的特点采取监管措施。统一规范内容一方面可以规范地方政府的存量债务，让存量债务和新增债务在规范的轨道上运行，另一方面可以尝试将地方政府隐性债务转换成显性债务或采取其他方式化解风险。

第三，规范执行的统一。财政部、发改委、人民银行等部委应展开统一的执法工作，对各级地方政府信息披露违法违规等行为依据有关规定认定和给予行政处罚。必要时依法向有关部门、单位调取与被调查事件有关单位和个人的征信记录、社会保险记录、纳税记录、工商资料和通信记录等信息。被调查单位或个人应当配合，如实提供有关文件和资料，不得拒绝、阻碍和隐瞒。对于不配合的责任人员，监管部门有权建议主管部门依法责令责任人员所在单位给予纪律处分，或取消其任职资格。在案件调查过程中，如果发现涉嫌犯罪的，应及时移送司法机关追究刑事责任。同时各个监管部门应继续按照现行职责分工做好地方政府债务监管工作。

综上所述，穿透式监管是一种思想，其注重实质的内涵与防范地方政府隐性债务风险的需求不谋而合，但我们也要清醒地认识到，实质重要，形式也很重要。尤其涉及监管部门的执法工作时，监管程序的重要性与监管规则本身一样重要，否则监管部门的行政权力谁来约束？执法工作的工作性质如何保障？因此，本书认为要正确理解穿透式监管中实质重于形式的内涵，这个原则是有应用语境的，主要应用在隐性债务识别过程中，要拨开地方政府违法违规举债的面纱，识破隐性债务的真实面目。

第五章　地方政府隐性债务风险的化解：系统性思维

防范地方政府隐性债务风险需要凝结改革共识，以科学的制度设计保护地方政府正常的债务系统秩序，也是我国政府治理能力法治化、成熟化的必经之路。我们要以系统性思维审视地方政府债务系统，才能深刻了解和认识地方政府隐性债务风险的防范根本。

一、地方政府债务系统的整体性变迁

美国制度经济学家诺斯曾指出，如果你想有效地实施变迁，你必须理解制度变迁的复杂性。① 要实现地方政府债务系统的整体性改变，路径选择尤为重要。体系化、整体性的地方政府债务管理制度变迁只有中央政府才能发起，这种变迁是整体性的，非局部性的。从体系变迁的角度看，债务系统的强制性整体变迁的路径选择具有自身的规律和特殊性。

（一）路径选择的低风险性

整体性的债务系统变迁相比非整体性、非体系化变迁的局部性变迁在路径选择上面临更多的难题。难题主要体现在两个方面：成本和风险。成本和风险可以影响地方政府债务系统变迁时的路径选择和效用实现，是两个关键的变量。地方政府债务系统整体变迁过程中必须考虑经济上可接受的成本和政治上可承担的风险。债务系统变迁过程中，具有同质性的制度安排可以实现内部融合，减少变迁的成本和降低风险。例如，《预算法》规定地方政府只

① 道格拉斯·诺斯．理解经济变迁过程［M］．钟正生，等，译．北京：中国人民大学出版社，2008：148.

能通过发行政府债券方式举借债务，没有创设新的举借方式，但可以增加发行政府债券的类型。

（二）路径选择的吸收性

路径选择中的内部吸收更容易解决原有地方政府债务体系中的过度包容问题。公法中的禁止性的规则，特别容易出现过度包容（over – inclusive）。①地方政府利用融资平台举借债务，包装公益性项目发行债券，规则过度包容是导致其被滥用的重要原因。除《预算法》规定的地方政府举债规则之外，涉及地方政府及所属机构、事业单位、国有企业和一些融资平台举债的规则包含在不同的监管部门文件中，其中存在大量的规则过度包容的模糊区域。文件中规则模糊和过度包容必然导致规则适用的范围不断扩张，加上“固有预见力的限制和语言的模糊性，将规则准确地适用于旨在禁止的行为就需要过高的成本。”② 地方政府债务系统整体性变迁运用整体性的方式，不区分不同的规制对象，对一些规范性文件进行吸收并合，可以有效地解决规则过度包容问题。

（三）路径选择的多向性

由于地方政府债务系统整体变迁中既有制度中的连续变迁，又有非连续性变迁，二者结合可以看作制度性变迁过程中的系统性均衡。③ 原则上系统性均衡是可以通过替代性规则的转换在单向度上实现的，但地方政府债务系统的均衡仅仅依靠替代性规则无法实现连续性和均衡性。因为原地方政府债务系统向替代性规则过渡时存在“点断性”（punctuate equilibrium），这部分规则就需要多点对多点传导性“缝合”。相对于连续性变迁，不连续性变迁可能会使得特定的法律制度或体系性规则发生坍塌，需要用替代性规则的延展性

① 关于强制性规定中的过度包容研究，参见 TUSSMAN J，TENBROEK J，The equal protection of the laws，37 Cal. L Rev. 341（1948—1949）. Montoya，Jean. Child hearsay statutes：at once over – inclusive and under – inclusive［J］. Psychology，Public Policy，and Law 1999，5（2）：304 – 322.

② 理查德·波斯纳．法律的经济分析［M］．蒋兆康，译．北京：法律出版社，2012：910.

③ 道格拉斯·诺斯．理解经济变迁过程［M］．钟正生，译．北京：中国人民大学出版社，2008：148.

去弥补这部分坍塌，修正不连续变迁中所出现的“点断”。例如，《预算法》允许地方政府发行债券举借债务，提出了替代性的债务运转系统，同时还允许发行置换债券来化解地方政府的存量债务，这体现了替代性规则的延展性。同时各个监管部门发布多个规范性文件，防范新增地方政府隐性债务，这体现了路径选择的多向性，是地方政府债务系统整体变迁的必然结果。

二、整体性变迁下增强地方政府举债能力的途径

原有的地方政府举债系统停用后，首先要解决的是债务系统整体变迁中的实体问题，即地方政府可以规范地、低成本地获得与发展相适应的举债能力，但没有约束的举债能力会产生被滥用的问题。例如，为了发行政府债券，地方政府对非公益性项目进行公益性包装。为了保障地方政府债务系统整体变迁的成功，需要适当增强地方政府的举债能力，并根据实际情况调整举债行为，从系统上防范地方政府隐性债务的产生。

（一）适当增加债券发行的弹性

根据《预算法》的规定，地方政府举债能力主要是指地方政府发行债券的能力。对于地方政府债券发行的弹性问题，有两种解决方案，一种是改变地方政府债券的种类，根据地方政府实际需要，阶段性地增加或减少债券种类；另一种是不改变地方政府债券的种类，只是重新定义债券发行项目的性质，延长置换债券的时间，增加置换债务的种类，等等。本书更认同第二种方案，即在不突破《预算法》规定的前提下，可以通过规范性文件扩大对公益项目范围的解释，变相扩大债券发行的范围。另外，《预算法》实施过程中监管部门可以根据地方政府债务的情况，同意地方政府延长债务置换的时间，实行弹性化管理。

1. 扩大公益性项目的范围

地方政府债券可分为一般债券和专项债券，一般债券是地方政府为了弥补一般公共财政赤字而发行的地方债券，可缓解地方政府临时资金紧张。专项债券是地方政府为了建设某专项具体工程而发行的债券。一般债券主要投

向没有收益的公益性项目，偿还时以地方财政收入作为担保，① 而专项债券往往是以项目建成后取得的收入作为保证。② 无论是一般债券，还是专项债券，都是为公益性项目发行的，只是二者对公益性项目收益的要求不同，可见地方政府债券中项目的公益性是债券发行过程中的核心问题，是界定专项债券、一般债券边界与范围的重要标准。

地方政府债券要求项目的公益性决定了其不可能是全能债券，实践中地方政府很多公益性项目很难达到监管部门要求的公益性，尤其是专项债券发行要求的项目条件。这就要求地方政府和监管部门进一步完善公益性项目的定义和范围界定，公益的归政府，商业的归市场。《财政部关于做好 2018 年地方政府债务管理工作的通知》中提出："合理扩大专项债券使用范围，鼓励地方按照《财政部关于试点发展项目收益与融资自求平衡的地方政府专项债券品种的通知》（财预〔2017〕89 号）要求，创新和丰富债券品种，按照中央经济工作会议确定的重点工作，优先在重大区域发展以及乡村振兴、生态环保、保障性住房、公立医院、公立高校、交通、水利、市政基础设施等领域选择符合条件的项目，积极探索试点发行项目收益专项债券。"2019 年 9 月 4 日召开的国务院常务会议确定："扩大使用范围，重点用于铁路、轨道交通、城市停车场等交通基础设施，城乡电网、天然气管网和储气设施等能源项目，农林水利，城镇污水垃圾处理等生态环保项目，职业教育和托幼、医疗、养老等民生服务，冷链物流设施，水电气热等市政和产业园区基础设施。专项债资金不得用于土地储备和房地产相关领域、置换债务以及可完全商业化运作的产业项目。"

一般债券适用于没有收益的公益性项目，对于这一点争论很少，争论较

---

① 参见《地方政府一般债券发行管理暂行办法》第二条，地方政府一般债券（以下简称一般债券）是指省、自治区、直辖市政府（含经省级政府批准自办债券发行的计划单列市政府）为没有收益的公益性项目发行的、约定一定期限内主要以一般公共预算收入还本付息的政府债券。

② 参见《地方政府专项债券发行管理暂行办法》第二条，地方政府专项债券（以下简称专项债券）是指省、自治区、直辖市政府（含经省级政府批准自办债券发行的计划单列市政府）为有一定收益的公益性项目发行的、约定一定期限内以公益性项目对应的政府性基金或专项收入还本付息的政府债券。

多的是有一定收益的公益性项目，其中只有部分项目适用于发行专项债券，还有大量的既不是无收益的公益性项目，又不符合专项债券发行条件中的公益性项目标准的公益性项目。对于这些项目，地方政府的处境非常尴尬，既不能按照法律规定的举债方式筹集资金，又不能全部不管不理。2017 年财政部发布《财政部关于试点发展项目收益与融资自求平衡的地方政府专项债券品种的通知》，就是试图解决这个问题。① 因此，笔者认为监管部门应适当地扩大公益性项目发行债券的范围，增加这个范围的弹性，将处于尴尬位置的公益性项目纳入到合理的、新的地方政府债务管理系统中，这有助于防范地方政府隐性债务的产生。

2. 延长债务置换的时间

2015 年发行专项债券以来，初期以置换债券为主。置换债券是地方政府债务系统整体变迁过程中采取的一种过渡性措施，是为了解决新老债务衔接问题。置换债券资金要严格用于偿还清理甄别认定的截至 2014 年末存量政府债务，严禁用于其他用途。也就是说置换债券的应用有以下 3 个特征：一是置换对象是经过清理甄别认定的存量政府债务；二是置换时间截至 2014 年末；三是置换资金是专款专用。财政部督促各地方尽早启动置换债券发行工作，确保在国务院规定的置换时间内完成以存量非政府债券形式存在的政府债务置换工作。置换的债务项目和种类复杂，尽管财政部对于一些情况给予了解释和变通，例如债权人不同意在规定的期限内置换为政府债券，则仍由原债务人承担偿债责任。涉及工程款结算延期的，可以根据工程完成进度协商置换部分存量政府债务，后续工程建设通过财政预算资金或新增地方政府债券资金等统筹安排。但这样仍然不能应对复杂的老债务，本书撰写过程中笔者查看了财政部 2019 年公布的地方政府债券发行数据，看到仍然有置换债券种类，也就是说监管部门已经从原来计划 3 年内置换完毕（截至 2018 年），

① 指导地方按照本地区政府性基金收入项目分类发行专项债券，着力发展实现项目收益与融资自求平衡的专项债券品种，加快建立专项债券与项目资产、收益相对应的制度，打造立足我国国情、从我国实际出发的地方政府“市政项目收益债”，防范化解地方政府专项债务风险，深化财政与金融互动，引导社会资本加大投入，保障重点领域合理融资需求，更好地发挥专项债券对地方稳增长、促改革、调结构、惠民生、防风险的支持作用。

开始延长置换债券的发行时间，并且没有提出具体的截止时间。

（二）控制债券发行弹性的范围

增加债券发行的弹性是为了更好地完成地方政府债务系统的整体性迁移，实现新老系统的平稳过渡，将地方政府举债方式全部统一为债券形式，需要时间让地方政府适应。增加弹性是为了让新的债务系统更加灵活，更适应实际发展需要，但是这种弹性不是无限的、任意的，是需要受到严格监督的，是一种政府调控债务的手段，应当严格进行规范。

1. 加强对债券发行项目的审查

对地方政府债券发行的审查应该是全面、综合性的审查，不应只重视发行前的审查，而是应从债券额度申请、发行和资金使用 3 个方面加强审查，以系统防范隐性债务的产生。

第一，债券额度申请要规范。地方债券额度由财政部根据各地区债务风险、税收状况等因素测算后报国务院批准，再由国务院报全国人大或全国人大常委会批准，原则是负债规模要与财政实力和债务管理情况相匹配。如果想要增加本年债券发行额度，一般有两种方式：一种是向国务院申请新增发行债券的额度，提请全国人大常委会批准；另一种是利用往年存留额度。在全国人大未调整预算安排的情况下，地方政府没有在限额内增发一般债券的权力，而专项债券因纳入政府性基金预算管理,① 不涉及赤字问题，余额使用相对灵活。因此，涉及债券额度申请的一般是指专项债券。专项债券发行前重要的步骤是确定可发行地方政府专项债券的额度，由县市确定项目、需求、预算，报本级主管部门和财政部门，再汇总到省级财政部门，要加强这两级主管部门的审查。例如，项目资金平衡方案。②

第二，债券发行材料要严谨。地方政府债券的发行需要制作一整套债券申报材料，一般由市县财政局牵头，相关职能部门配合。例如，专项债券的申报材料包括：信息披露文件、项目收益与融资资金平衡方案、财务评价报

---

① 参见《2015 年地方政府专项债券预算管理办法》第四条。

② 资金平衡方案是后续专项债券发行时需要披露的文件之一，财政厅一般要求各市县财政局在前期申报额度时提供。

告、法律意见书、信用评级报告等。编写这些材料时可以聘任中介机构（如会计师事务所、律师事务所）完成，材料编制完要经过财政部门初步审核，再统一提交至省财政厅，根据财政厅的反馈再修改材料，省与市县两级财政主管部门要对债券发行材料严格审核。

第三，债券资金使用要监督。地方政府债券发行成功后，要严格按照规定使用举借的资金，由省财政厅按照原计划配额分配至各市县使用，资金使用严格对应申请的项目。同时省财政厅应按照发行合同的约定，及时偿还债券的到期本金、利息并支付发行费用。市县财政部门应及时向省财政厅缴纳本地区应承担的债务额度和发行费用。债券对应的项目取得的政府性基金收入或专项收入，应用于偿还到期债券本金。如果项目收入或政府性基金不足以偿还到期债权本金，可以发行专项债券周转偿还，借新还旧是一种解决方法，归根到底仍然需要项目收入和债券本金的平衡。地方各级政府要严格监管债券资金使用过程，规范资金管理。

2. 明晰债务置换中适用的难点

从2014年国务院发布43号文件以来，置换债券一度成为热议话题，为社会各界所关注。各地区纷纷申请发行置换债券，腾挪出更多的资金用于重点项目建设。2015年3月财政部有关负责人在回答记者问题时，要求置换债券偿还存量债务逐笔对应到2013年政府性债务审计确定的存量债务名目。2015年8月24日，财政部部长在第十二届全国人民代表大会常务委员会第十六次会议上所作《关于提请审议批准2015年地方政府债务限额的议案的说明》提出："对债务余额中通过银行贷款等非政府债券方式举借的存量债务，通过三年左右的过渡期，由地方在限额内安排发行地方政府债券置换。为避免地方竞相发债对市场产生冲击，财政部可根据全年置换总额、债务到期、债务风险等情况予以组织协调，并继续会同人民银行、银监会等有关部门做好定向承销发行置换债券等有关工作。"2019年的《政府工作报告》提出："继续发行一定数量的地方政府置换债券，减轻地方利息负担。"

发行置换债券的目的是置换存量非债券形式的债务，主要包括两个方面的内容：一方面是期限置换，延长债务期限。一些地方政府基建项目，原举债期限较短，但基建项目可能用上几十年，暂时很难有足够的资金还本付息。另一方面是融资成本置换。原来非债券形式的间接融资成本较高，比如银行贷款、BT 等，置换成直接融资方式，可以降低融资成本。在债务置换中可能会遇到一些难题：一是商业银行动力不足。银行贷款等融资成本在 7% 左右，而政府债券的利率在 4% 左右，债务置换会影响银行等金融机构的利润。因此，在债务置换中希望地方政府和金融机构基于市场化原则，平等自愿，公平协商做好置换工作，避免行政摊派。二是过度解读政策。有的地方政府和金融机构对中央债务置换政策过度解读，将置换债券视为一种资产组合方式的改变，以及纳入到货币政策中的抵押品，有过度证券化迹象。三是滥用资金。地方政府在置换债务过程中要遏制虚增债务的冲动，避免将一些不符合条件的项目包装成符合条件的项目，虚增置换债券申报额度。

三、整体性变迁下的地方政府新老债务的衔接

早在 2014 年监管部门就对地方政府存量债务进行清理甄别，区分一般债务、专项债务和非政府债务，并在甄别的基础上提出地方政府债务置换，实现新老债务划断。地方政府老债务用地方政府债券置换，新债务不得采用除地方政府债券以外的其他方式举借。债务置换是监管部门在地方政府债务系统整体性变迁时期提出的新老债务衔接的解决方案。本书将从防范隐性债务产生的视角对 3 年的债务置换背景、过程进行回顾，对其产生的影响和未来发展进行分析。

（一）地方政府债务置换的背景

2010 年之前，根据《预算法》规定，地方政府不能直接举债，但地方政府在经济发展中承担了很多事务，积累了大量的债务，社会对地方政府性债务的界定一直处于模糊状态。2010—2013 年审计署对地方政府债务展开了多轮审计和认定，2014 年 10 月财政部下发了《地方政府存量债务纳入预算管理清理甄别办法》的通知，各地方政府将集中上报并清理甄别截至 2014 年末的存量政府性债务。根据全国人大常委会预算工委的调研报告统计，截至 2014 年末，全国地方政府债务余额 15.4 万亿元，《关于地方政府债务试行限额管

理的实施意见》中提出“通过银行贷款等非政府债券方式举借部分，通过三年左右的过渡期，由省级财政部门在限额内安排发行地方政府债券置换”。地方政府债务置换从2015年开始正式启动。

（二）地方政府债务置换的回顾

1. 地方政府债务置换债券发行情况

2015年至2018年全国累计发行置换债券12.18万亿元，其中2015年发行3.2万亿元，2016年发行4.87万亿元，发行量最高，随后2017年和2018年开始回落，各发行2.77万亿元和1.34万亿元（见图5－1）。[①] 2019年只查到了发行置换债券和再融资债券13063亿元，[②] 具体的置换债券规模可以用2018年末全国非政府债券形式存量债务3151亿元减去2019年末全国非政府债券形式存量债务1889亿元，即1262亿元。财政部计划的地方政府债务置换时间是“三年左右”，截至2019年12月末，地方政府债务余额为213072亿元，其中政府债券211183亿元，非政府债券形式存量政府债务1889亿元。

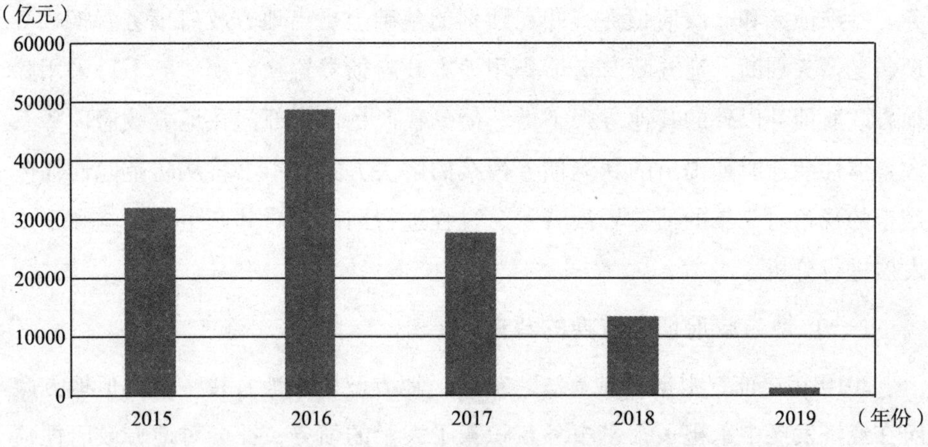

图5－1　2015—2019地方政府置换债券发行量

① 数据来源于中债资信评估有限责任公司研究报告《2018年地方债市场全景扫描——债务置换全程回顾篇》。

② 财政部2019年12月地方政府债券发行和债务余额情况［EB/OL］.［2020－06－27］. http://yss.mof.gov.cn/zhuantilanmu/dfzgl/sjtj/202001/t20200121_3462828.htm.

2. 地方政府置换债券发行情况分析

发行置换债券的目的是置换非政府债券形式的债务，但经过几年的置换，各地区的置换债券发行情况和剩余非政府债券形式的债务规模并不均衡。从各地区置换规模来看，发行量最大的是江苏省，为8751.39亿元，发行量最小的是深圳市和西藏自治区，分别为0亿元和2.39亿元。① 从完成的进度看，根据初步估算，广东、江西、云南等地还剩余较大规模的非政府债券形式的存量政府债务，而湖南、浙江、宁波、贵州、黑龙江、湖北等地截至2018年底非政府债券形式的存量债务余额为负，说明上述地区的部分或有债务已转化为一类债务进行债务置换。②

（三）地方政府债务置换的影响

1. 债务置换对地方政府的影响

将过去不规范、不透明的地方政府性债务规范化、显性化，增强了对地方政府债务风险的管理，对地方政府还本付息进行了科学合理的规划，减轻了地方政府的债务压力。在《预算法》修订版和43号文件出台前，地方政府债务系统还没有改革，法律和政策没有给地方政府巨大的融资需求提供一个规范的融资渠道，导致违规融资、变相举债行为十分普遍。融资过程中程序不透明，未纳入预算和多头举债的现象非常多，地方政府债务管理制度的建设存在很多问题。《预算法》和43号文件对地方政府债务系统进行了整体性变迁，地方政府置换债券作为配套措施，对存量债务进行处理，是一个过渡性制度安排。

通过对存量债务的置换，地方政府债务风险的可控性大幅提升，主要体现在两个方面：一是使隐性债务显性化。将地方或者增幅债务从银行贷款、信托、融资租赁等多样态的举债方式统一为更加规范和透明的地方政府置换

① 数据来源于中债资信评估有限责任公司研究报告《2018年地方债市场全景扫描——债务置换全程回顾篇》。

② 财政部《关于对地方政府债务实行限额管理的实施意见》（财预〔2015〕225号）规定，对因预算管理方式变化导致原偿债资金性质变化为财政资金、相应确需转化为政府债务的或有债务，在不突破限额的前提下，报经省级政府批准后转化为政府债务。

债券，同时这些债务可以纳入地方政府预算管理，加强了地方政府债务系统的透明性。二是减轻地方政府还本付息的压力。通过非政府债券方式举借的债务平均成本在10%左右，而地方政府置换债券的加权平均发行利率为3.44%（见图5-2）。以此估算，每年地方政府债券发行为地方政府节约利息支出8000多亿元，地方政府置换债券发行每年节约的利息支出也是一笔可观的费用。

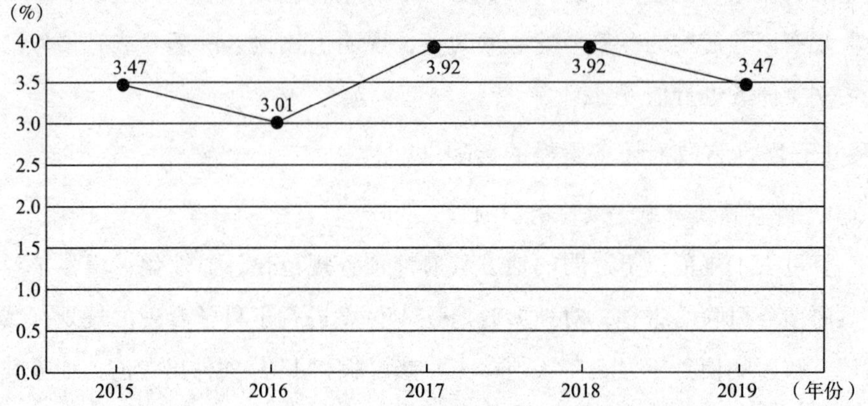

图5-2 历年地方政府置换债券加权发行利率[①]

2. 债务置换对融资平台的影响

融资平台是地方政府债务的重要举债主体，债务置换客观上降低了融资平台债务周转压力，减轻了违约风险，但完全剥离融资平台的融资功能仅依靠发行置换债券远远不够。截至2014年末，全国地方政府债务（政府负有偿还责任的债务）余额为15.4万亿元，其中融资平台占比为39%，约有6万亿元。[②] 地方政府发行置换债券一方面可以缓解融资平台还本付息压力，另一方面可以修复融资平台的资产负债表，增加投资人对融资平台的信心，提升其再融资能力。尽管43号文件为地方政府融资“开前门”，但由于老债务系统

① 本书根据财政部官网上公布的数据整理。

② 全国人大常委会预算工作委员会调研组．关于规范地方政府债务管理工作情况的调研报告[J]．中国人大杂志，2016（5）：19-23.

向新债务系统过渡的过程非常复杂，受制于地方政府财政困境等多种因素，仅凭债务置换完全解决融资平台债务问题仍有待进一步探讨。

3. 债务置换对金融市场的影响

从表5－1和图5－3可以看出，2015—2019年地方政府债券的规模最开始有一个小幅上扬，随后稳定在4万亿元左右，占债券总发行量的比例也从最初的17%左右回落到10%以内，成为当前规模最大的单一债券品种，债券市场对地方政府债券的认识程度也走向成熟。地方政府债券的全面发行，尤其是地方政府置换债券的发行使地方政府债务系统的内在逻辑发生了深刻的变化。

表5－1　2015—2019年各类债券发行规模①

单位：亿元

年份	国债	地方政府债券	金融债券	政府支持机构债券	资产支持证券	同业存单	公司信用类债券	总规模（约数）
2015	20000	38000	35810.6	2400	4056.4	53000	70000	223000
2016	29000	60000	47000	2250	3838.1	130000	82000	361000
2017	39000	44000	50000	2860	15000	202000	55000	408000
2018	35000	41625	53000	2530	18000	211000	73000	436000
2019	40000	43624	69000	3720	20000	180000	97000	453000

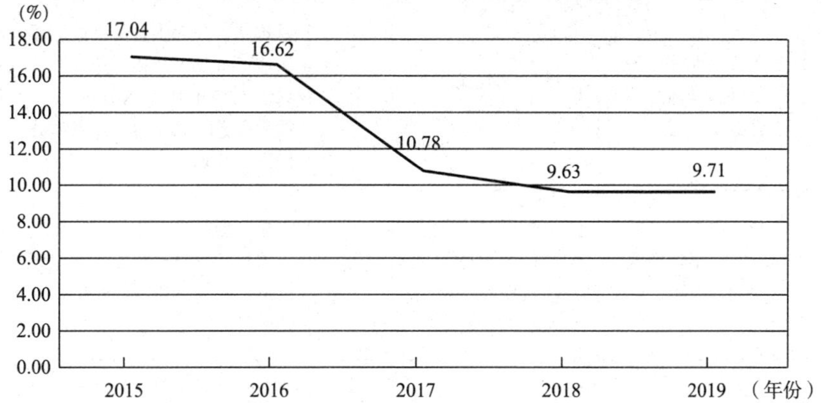

图5－3　2015—2019年地方政府债券发行量占债券总发行量的比例②

① 笔者根据财政部官网公布的数据整理。

② 根据图表5－1中的数据计算出来的。

四、整体性变迁下地方政府隐性债务的规制

在新的地方政府债务管理体系下，中央对存量隐性债务采取什么样的措施化解，备受市场的关注。目前化解存量隐性债务没有一个明确的模式，各地的经济发展状况、历史成因、优势资源和相关政策等均存在差异，需要进行一些探索和尝试。

(一) 地方政府隐性债务的化解措施

1. 地方政府隐性债务的化解方法

2018 年 8 月审计署全面开展地方政府隐性债务审计工作，一些地方财政局公开的《财政部地方全口径债务清查统计填报说明》中规定的地方政府债务化解方式主要有六种，如表 5 – 2 所示。

表 5 – 2　财政部关于地方政府债务的化解方法及可行性分析

序号	计划	具体安排	可行性	限制
1	安排财政资金偿还	计划安排年度预算资金、超收收入、盘活财政存量资金等偿还	高	以长期债务为主，需要较有力的政府支持，一般适用于纯公益性项目较多的地区
2	出让政府股权以及经营性国有资产权益偿还	通过出让相关股权取得收益偿还	高	以短期债务为主，受棚改政策变化及房地产市场下行压力影响，三、四线城市土地出让收入存在较大不确定性，存在一定压力。东部发达省份可操作性较强
3	利用项目结转资金、经营收入偿还	由企事业单位利用项目结转资金、经营收入偿还（不含财政补助资金）	中	需要一定的现金流支撑。尤其是公益性项目，现金流较紧张，且期限不匹配。适用于 PPP 隐性债务占比高的地区
4	合规转化为企业经营性债务	将具有稳定现金流的债务合规转化为企业经营性债务	低	市场化化解思路，对融资平台和项目现金流要求较高，失去政府信用背书，可能需要产业化支持和政府整合能力

续表

	计划	具体安排	可行性	限制
5	通过借新还旧、展期等方式偿还	由企事业单位协商金融机构通过借新还旧、展期等方式偿还	高	将短期、非标债务置换为长期、标准债务，需要银行等金融机构积极参与
6	采取破产重整或清算范式化解	对债务单位进行破产重组，并按照公司法等法律法规进行清算	低	破产重整或清算，债权人损失较大，存在进一步恶化区域融资环境的可能

以上仅是财政部提出的地方政府债务化解方法，并不是隐性债务的化解方法，2018 年 8 月，《中共中央　国务院关于防范和化解地方政府隐性债务风险的意见》和《地方政府隐性债务问责办法》陆续下发，本书没有在公开的渠道搜索到原文，从各地关于落实这两份文件的通知中可以看到，隐性债务不可能进行债券置换，化解方案不得争取财政资金和债券置换计划。① 这可以打消地方政府认为中央政府会救助的念头，打消金融机构认为政府会兜底的念头。

2. 地方政府隐性债务的化解方案

关于地方政府隐性债务的化解方案，本书将对各地实践进行梳理和分析，总结出以下几类具有代表性的方案，但并不意味着只有这些化解方案，各地情况不同，未来在化解隐性债务风险方面可能还会有创新。

第一，争取财政资金，收支两端开源节流。这种方案主要通过压缩一般性支出，盘活存量资金，加大偿债资金预算安排力度。争取财政资金是指将部门结余资金（两年内没有使用完的结转资金）收回用于偿还到期债务。② 同时还可以争取政府专项债资金，2019 年 1 月 9 日召开的国务院常务会议中提到，“专项债募集资金要优先用于在建项目，防止半拉子工程，支持规划内重大项目及解决政府项目拖欠工程等”。指导和督促地方政府将专项债券资金

① 参见略阳县财政局《关于抓紧制定政府隐性债务化解方案和填报化解计划表的通知》（略财〔2018〕70 号）。

② 内蒙古新巴尔虎左旗和陕西安康市石泉县均在方案中提到。

重点用于满足在建项目资金需求，解决存量隐性债务项目拖欠工程款等问题。

第二，盘活闲置资产，筹措更多资金偿债。部分地区处置闲置资产，或是资金偿债，或是以实物抵债。① 例如回迁安置房剩余房源等一些房产实物。还有推进融资平台、国有企业混合所有制改革，采取股权投资等市场手段引入战略投资者，通过优化股权结构，分享经营收益来消化存量债务，减轻政府偿债压力。还可以将债权转化为标准化的证券，以资产证券化方式在资本市场上募集资金，分散风险。对于无运行收入资产对应的存量隐性债务，有的采取预算效能定价。政府对存量基础设施采取特许经营的方式，将特许经营权有偿转让给特许经营项目公司，公司可以根据特许经营权向银行贷款，然后用贷款支付特许经营权转让款，财政将转让款收入定向用于化解隐性债务。同时地方政府向特许经营项目公司支付服务费，作为偿还银行贷款的资金来源。②

第三，项目收入偿还，转企业经营性债务。一些可以产生收益和现金流的项目，可转为经营性债务，由项目公司负责偿还或再融资偿还。地方政府将有稳定现金流的项目转为企业经营性债务，各地方政府探索出多种方式，比如安排资金、配套或盘活经营性资产，将隐性债务转化为企业经营性债务，提升企业经营能力和偿付能力，在建项目转存量 PPP 项目就属于此类。③ 而对一些不规范的 PPP 项目产生的隐性债务，可以重新签订合同取消地方政府

---

① 《沈阳市辽中区处置闲置国有资产偿还政府性债务工作方案》提到的处置范围包括已建成回迁安置房剩余房源以及其他闲置国有经营性资产等。内蒙古自治区锡林郭勒盟多伦县化债方案则提到，在 2019 年第二季度的化债方案中，以总价值 20701 万元的房产进行实物抵顶债务。

② 该方案是深圳金砖专用资产管理有限公司设计的。该方案的设计目的是想通过这种安排，由政府一次性收回资金定向用于公益性项目的隐性债务偿还，后续只要向项目公司按期支付服务费用，有利于债务的平滑；基础设施资产交给项目公司运营可以提高资产的服务效率，带来更多的效益；而金融机构发放贷款也从以前依赖政府信用、评级信用转为按照基础设施服务能力和服务期限来定价。特许经营权比较典型的项目，如高速公路，完全可以通过使用者直接付费经营基础设施。而深圳金砖基金的方案提出对非经营性基础设施进行特许经营，思路上有一定借鉴意义，但是该方案也有明显的难点，非经营性基础设施特许经营权定价评估，政府该支付服务费用标准的确定，没有可依据的法律、规范性文件，实际操作中很难把握，容易形成新增隐性债务。

③ 内蒙古新巴尔虎左旗在债务化解方案中提到，工程尚未完工且可以转为 PPP 项目的，经与合同相对方协商同意，按照 PPP 项目操作规范和流程重新履行采购程序。

对社会资金方最低收益承诺，将隐性债务转化为企业债务。

第四，金融机构参与，以金融方式置换债务。有的地方政府与银行进行沟通，想争取长期贷款置换短期贷款或借新还旧。从职能上看，政策性银行，比如国开行，一直服务于国家经济重大发展战略，涉及基建与棚改项目较多。而商业银行参与隐性债务化解的目的是降低银行流动性风险，增加信贷规模指标，保持与地方政府良好的合作。

综上所述，在地方政府债务管理体系整体性变迁的背景下，化解地方政府隐性债务的方法和方案一直为地方政府所重视，但目前没有一个通用的模式可以标准化地提供给各级地方政府。归根到底，隐性债务也是债务，最终都要还本付息，地方政府需要在政策框架内，根据自身情况，量体裁衣，在诸多方法和方案中找到适合自己的定制方案。

（二）地方政府隐性债务的化解实践

隐性债务的化解一直备受市场关注，目前市场比较关注的化债模式有镇江、山西、海口、湖南和陕西模式，这些模式操作的核心要点在于，利用资源筹措资金，用时间换空间进行债务置换，保证隐性债务的平稳化解。有关这些地方的公开资料较少，我们只能根据有限的资料去了解地方政府化解隐性债务的实践。

1. 镇江模式

镇江市政府设想未来10年从国开行每年获得200亿元左右的长期、低息贷款，用低息贷款置换高息隐性债务，通过动态的、长期的置换降低隐性债务的规模，慢慢消化。但这个方案与中央对地方政府隐性债务的政策不符，国开行作为国务院直属政策性银行，如果参与地方政府隐性债务置换，可能会给市场中央为地方债务兜底的错觉。并且镇江接触国开行的消息一经传出，立即引起多地的重视，各地积极与国开行接触（见表5－3）。2019年5月，发改委、人民银行、财政部、银保监会等中央部委联合发布了《关于防范化解融资平台公司到期存量地方政府隐性债务风险的意见》（未搜索到原文），金融机构可以新增贷款置换融资平台的地方政府隐性债务。镇江银行已与商业银行达成合作，获得民生银行期限5年、贷款利率为基准上浮15%、总额

6.8 亿元的贷款，用于置换存量债务中的非标融资。

表 5 – 3　多地接触国开行

时间	地区	具体情况
2019 年 1 月	江苏镇江市	试点城市，由国开行提供化解地方隐性债务的专项贷款，利率在基础利率左右，由新设立的镇江经信资产管理公司作为承接主体，再以普通借款方式投放到辖区内平台公司。主要用于置换纳入隐性债务中的高成本非标债务，降低债务成本，拉长债务期限
2019 年 2 月	湖南省	湖南省财政厅表示，积极争取中央政府债务限额化解建制县隐性债务为试点，组织部分县市制定完善申报方案，帮助平滑缓释债务风险
2019 年 2 月	江苏南京市	南京市要求各区重点排查偿债压力突出、接续困难、容易引起风险的隐性债务，对于这部分债务，市财政局将积极与国开行沟通，争取利用长期、低息的银行贷款进行置换
2019 年 2 月	江苏南通市	南通市通州区财政局要求将债务结构由短期债务向中长期转变。主动争取国开行、农发行等政策性银行的项目贷款
2019 年 3 月	湖南湘潭市	据彭博社报道，国开行将湘潭市期限较短的债务置换成期限为 15 ~ 20 年的贷款，其计划与长沙银行、建设银行等商业银行组成银行团
2019 年 4 月	贵州遵义市	遵义市希望国开行省分行参与地方发展和债务化解试点
2019 年 4 月	湖南常德市	据财新报道，国开行已经给湖南常德发放了一笔利率为 4.9% 的 10 年期贷款用于置换隐性债务
2019 年 8 月	湖北武汉市	国开行湖北分行为武汉市提供 25 年期限的 35 亿元贷款，用于西四环线建设和置换平安保险资产管理公司期限为 10 年的保险债权

总体来说，镇江模式是 2019 年地方政府隐性债务化解思路比较清晰的一种模式，需要政府投入大量的精力。镇江地处长三角，经济状况和资产价值情况良好，国开行介入地方政府隐性债务化解工作，被视为商业行为，而不是政策兜底行为，这与中央对地方政府隐性债务的化解思路并不冲突。

2. 山西模式

山西省政府此次整合的是政府还贷公路资产，整合前有 34 个政府还贷高速公路单位，62 条政府还贷公路，资产过于分散，各自为政，举借债务随意，没有整体规划，导致融资成本较高，偿债压力较大。2017 年，这 96 条公路通行费收入合计约为 212.6 亿元，养护运营税费等支出为 68.4 亿元，利息支出为183亿元，资金缺口较大，需要借助再融资。整合后，成立了山西交控，对公路类资产债务进行重组，将分散于34个高速公路单位和62条政府还贷公路的资产和债务进行整合，剥离出2600亿元债务，对债务关系进行简化，整理成线性关系。山西交控资产整体有所优化，融资成本降低，以2017年为例，利息支出减少了约30亿元，地方政府隐性债务化解逻辑相对清晰。

山西模式最终将政府性债务转换为企业债务，债务由山西交控内部消化，由国开行为首的银行团提供后续的贷款支持。银行团愿意提供贷款主要有两个原因，一方面是公路类资产收费模式相对清晰，属于重资产，有稳定的现金流。整合后的整体资产规模优势凸显，对于银行而言是较优质的贷款对象。另一方面是山西省从政府决策高度对山西交控的股权、资产和融资做了很好的顶层设计，如山西路桥这类优质资产在政府的推动下上市，提高了集团的整体信用。

3. 海口模式

海口市对于隐性债务的化解工作做得非常细，对本地区的隐性债务梳理和排查得较为清楚，让隐性债务逐步显性化，并严控新增债务。2018年7月海口市发布了《海口市2018—2019年政府性债务化解规划方案》，对债务化解提出较为明确的目标。① 具体措施如下：一是压缩日常开支，统筹新增资金，偿还到期债务。优化支出机构，压缩一般性支出和经常性支出。同时每年将从新一轮的财政体制调整形成的新增资金中的50%用于偿债。二是盘活存量资金偿还存量债务。根据《中共海南省委办公厅海南省人民政府办公厅关于盘活存量资金加快财政支出有关问题的通知》（琼厅字〔2017〕79号）有关规定，从每年盘活的存量资金中安排30%以上用于偿债。三是盘活土地资源，加大土地出让力度，筹措资金偿还债务。国土部门将对现有储备土地全面进行摸底和梳理，对具备出让条件的土地细化分类，根据海口市偿债资

① 《海口市2018—2019年政府性债务化解规划方案》目标为："从2018年起，利用两年的时间，通过加快推进十二个重点产业发展、发展总部经济、做强本地实体经济等措施，发展经济做大做强债务率分母。控增量、降存量多措并举管控和调优债务率分子，两年内消化政府性债务余额269亿元，2019年年底前将全市和市本级政府债务率风险指标控制在警戒线以内。"

金需要，加大出让土地力度。四是加快债务置换，优化债务结构，节约利息支出。2018 年 8 月是置换额度申报最后时间节点，6 月底要完成海秀快速路项目的审计报告，并依据审计报告申报置换额度，完善海秀项目的债务置换。

4. 湖南模式

湖南模式可以概括为控增量、化存量，控量提质、开源节流。出台的具体措施如下：一是强化源头管控。出台了一系列文件，严控债务增长，防范债务风险，化解隐性债务，管理负面清单，促使融资平台转型等。在全省范围内组织开展预算法的集中学习，编发政策简读手册和工作通报，增强各地领导干部的风险防范意识。将防范化解重大风险列为市州工作绩效评估重点指标，在全面小康监测考核中对债务高风险地区“一票否决”。二是严格控制增量。大力压减超过财政承受能力的政府举债项目，对纯政府付费的五类 PPP 项目，以及货物和建设工程等七类政府购买服务项目实行负面清单管理。对违规融资项目进行清理，从严审核项目立项。三是妥善化解存量。2015—2018 年共发行置换债券 6168.38 亿元，全面完成存量债务置换工作，每年可节省利息约 200 亿元。组织省市县三级政府编制化债实施方案，明确化债时间表、路线图和任务书。加强与金融机构合作，开展高成本非标融资、违规个人借款等专项清理，排查债务风险隐患。四是推动平台转型。对融资平台开展专题调研，并根据调研报告制定政策文件。逐步剥离融资平台的政府融资功能，分类推进市场化转型。五是依法开好“前门”。把握好发行时点，科学设计债券期限结构，控制好利率成本，强化还本付息计划管理。六是强化督导问责。建立防范化解债务风险省领导联点督导工作机制，对违法违规举债行为依法依规进行问责，压实债务管控责任。

5. 陕西模式

陕西模式将重点放在融资平台的梳理和整合上，分类推进融资平台公司市场化转型，对不同类型的平台公司进行整合重组和转型，进一步剥离城投的融资功能。虽然很多措施还停留在理念上，因现实中融资平台情况复杂，暂未完全操作，但这并不妨碍我们从中受到启发。清理思路如下：

第一，对现有融资平台公司依法分类实施市场化转型，对只承担公益性项目融资任务，且主要依靠财政性资金偿还债务的“空壳类”融资平台公司，要依据法定程序予以清理注销。

第二，对兼有政府融资和公益性项目建设、运营职能的“实体类”融资平台公司，要剥离其政府融资职能，通过兼并重组、整合归并同类业务等方式，转型为公益类国有企业。

第三，对按市场化方式承担一定政府融资职能的“商业类”融资平台公司或国有企业，继续鼓励其为地方经济发挥积极作用，但不再承担替政府融资或受政府委托融资的职能。对其他兼具不同类型特征的融资平台公司，鼓励其根据上述原则进行市场化转型。

综上所述，可以从上述五种模式中总结出一些规律：①化解地方政府隐性债务的前提是将本地区政府性债务梳理清楚，包括债务的类型、期限、举借成本等。②化解地方政府隐性债务风险的思路是开源节流，隐性债务显性化，提高偿债能力。③化解地方政府隐性债务的具体措施包括但不限于加强与银行等金融机构的合作，用长期、低利率贷款置换短期、高成本融资。促使融资平台公司市场化转型，剥离融资功能。整合优质资产，优化债务和资产结构，降低融资成本，强化融资信用。

第六章　地方政府隐性债务风险的法律规制框架

地方政府隐性债务风险的防范和化解并不是一个老生常谈的话题，隐性债务的问题一直存在，一直困扰着各级地方政府，一直在防范化解的路上。如果地方政府想要做好隐性债务的防范化解工作，需要解决的不仅仅是隐性债务风险问题，而是整个地方政府债务风险问题。所以，本章在探讨地方政府隐性债务风险规制时，必须立足于全局，不能割裂地看待问题。以江苏省为例，2019 年 8—11 月，江苏省成立巡视组对辖区内的地市进行巡视，因债务防范化解力度不够被点名批评的地区名单及理由如表 6 – 1 所示：

表 6 – 1　江苏省债务防范化解不力点名地区及发现的问题

序号	点名地区	发现问题
1	南京市	政府债务风险防范不到位
	南京市江北新区	防范化解债务风险不够有力
	南京市鼓楼区	防范化解风险存在漏洞
2	无锡市	金融风险防控不够有力
	无锡宜兴市	金融风险隐患仍然较大
3	徐州市贾汪区	金融风险防范化解不力
4	常州市钟楼区	债务风险化解不够有力
5	扬州市	金融风险化解措施不实
	扬州市经济技术开发区	融资平台公司政企不分、政资不分，开发区所属 50 多家公司仅有 2 家公司实体化运营
6	镇江市经济技术开发区	防范化解金融风险成效不佳
	镇江市京口区	对政府债务风险缺乏足够重视

从巡视结果可以看出，各地要么重视程度不够，要么措施不行，效果不理想。因此，要做好地方政府隐性债务的防范和化解工作，必须从法律层面予以规制，让地方政府有法律可依，有思路可循，有路径可选，而不是各自盲目探索，这样既保证不了力度，又保证不了效果。

一、法律规制的思路

规制地方政府隐性债务风险的总体思路在于依靠制度规范地方政府举债行为，平衡财政收支体系，合理统筹债务体系和资产，利用制度防范新增地方政府隐性债务。在明晰有序化解存量地方政府隐性债务总体要求的前提下，探索化解的方法和路径。

（一）以制度防范新增地方政府隐性债务

制度只是手段，防范才是目的，想要达到防范新增地方政府隐性债务的目的，归根到底要保证地方政府财政的可持续性。那么，所有的制度都要围绕地方政府债务系统制定，用制度保障地方政府债务体系做到管理到位、结构合理、低息高效，基层有钱可用，这样才能从制度层面有效防范隐性债务风险的产生。

1. 规范支出边界，提高偿债能力

想要科学规范财政支出边界，提高地方政府偿还债务的能力，应进一步明晰地方政府职能。地方财政支出边界，直接关系到国家的长治久安，是国家治理的重要基础和支柱，财政支出过程可能会产生社会经济风险且向政府财政风险转移，导致地方政府偿债能力的下降和地方政府债务风险的积聚。地方政府履行财政职能的能力与地方政府隐性债务风险具有高度的动态关联性，地方政府对财政支出边界的界定，是一个动态调整的过程，无论是事权划分，还是“职能转型”，都需要地方政府具备较强的履职能力。在预算编制过程中，地方政府应因地制宜，充分衡量本地区经济社会发展水平和财力保障，统筹未来地区增长情况，进行前瞻性的债务规划。规划过程中要注意不同地区融资需求和融资能力的匹配，应适当降低欠发达地区的融资需求，支持有偿付能力的地区实施合理的融资计划。

2. 创新融资模式，缓解融资压力

一直以来，地方基础建设项目是融资的大户，也是隐性债务产生的重灾区。积极探索、丰富地方政府专项债券品种，满足多样化的融资需求，充分发挥金融机构的融资功能，强化其在重点建设、区域协调发展、产业转型升级、民生等项目上的支持。通过提升 PPP 项目建设运营能力，合理分担债务和融资风险，科学设置回购方式，强化跨期预算约束等，促进 PPP 项目合法合规，高质量发展，最大程度防止新增隐性债务。通过建立合理、合法、合规的市场化融资体系，弱化政府的融资担保功能，积极培育新的融资担保制度，来解决或弥补担保缺失造成的融资难问题。比如设立地方政府融资担保基金，一方面为新的融资项目提供担保，另一方面替换或化解隐性债务中的政府担保。

3. 加强绩效管理，提高资金效能

在防范地方政府隐性债务风险过程中，可以积极调整财政支出结构，提高资金使用效能和投资管理能力。提高政府投资效率能够较明显地降低地方政府未来的负债率，债务也是一种资源，政府可以通过债务配置方式来引导或生成资产的外部性，进而提高地方经济增长的可持续性。① 在债务资金配置过程中应注重投资绩效考核体系的建立，扩大对医疗、高科技等行业长期性投资的比例，发挥投资结构对产业结构的影响力，减少追求短期绩效的公共基础设施建设的投资。

4. 构建地税体系，保障基层财力

我国税收结构性问题一直困扰着地方政府的发展，地方政府依靠税收平衡地区的财政支出，难度较大。在经济下行环境中，需求不足较容易造成税收收入下降，地方政府主体税种缺乏进而导致地方政府财力不足，财政支出和公共产品供给能力受限等问题。地方税种多样性有利于消除税收收入波动引起的地方政府财政收入波动，有稳定地方经济基础的功能，可以帮助消除

① 吴粤，王涛，竹志奇．政府投资效率与债务风险关系探究［J］．财政研究，2019（8）：29－42＋55.

非系统风险。对于经济结构稳定和基础较为扎实的地区，单一主体税种有利于税收稳定，但对于经济结构失衡和基础薄弱地区，则需要多样化的税种和税率，来帮助地方政府缓解经济大环境带来的税收收入变化的影响。① 从财政可持续视角分析，应进一步优化地方政府税收结构，让地方政府税收模式更加合理，可以根据本地区的实际情况，对不涉及税种、税率等的法定事项适当予以放宽，赋予一定的调解手段，并规定调整的幅度。

（二）要有序化解存量地方政府隐性债务

有序是化解地方政府隐性债务的总体要求，有序可以保障地方政府债务系统的可持续运行，有序可以合理安排地方政府的偿债资金，有序可以让债务风险得以平顺化解。笔者将以有序化解的总体要求为切入点，进而探讨地方政府有序化解隐性债务的路径，最后用成果考核夯实化解实效。

1. 有序化解的总体要求

从地方政府债务系统可持续性角度分析，有序化解的总体要求包括以下 3 个方面：一是对于地方政府隐性债务中央政府不兜底，地方政府不刚性兑付，采取市场化方式化解。中央政府对地方政府的救助、纾困、兜底行为或预期，往往会弱化地方政府的财政纪律意识，强化地方政府过度举债的冲动，同时会给金融机构造成错觉。二是对于地方政府隐性债务采取系统性的化解方式，地方政府隐性债务治理并不是简单地化解存量问题，而是系统性地化解，将隐性债务问题放到地方政府债务体系中，用系统的、整体的思维去化解。既要对违法违规的隐性债务实行穿透式监管，秉持实质重于形式的原则，进行会计核算、信息披露和问责；又要将所有可能由财政资金承担偿还或救助责任的债务纳入政府性债务监控框架，实行全口径地方政府性债务管理，形成地方政府债务系统性、整体性和平衡性的长效治理机制。三是对于地方政府隐性债务的化解需要认真处理好降杠杆和稳增长的关系。控制住地方政府隐性债务风险，有序化解隐性债务的存量是避免进入“明斯基”时刻的关键。②

---

① 何杨，王蔚，陈昱锦．我国地方税收收入稳定性研究［J］．税务研究，2017（8）：86－92.

② 高珂，王涛．我国地方政府隐性债务治理问题研究［J］．经济问题探索，2020（1）：23－37.

当经济处于低迷时，私人投资者可以根据经济情况，采取去杠杆、去库存、去产能等措施收缩自己的经营范围。但地方政府的财政政策可能需要逆周期对经济进行调解，采取积极的财政政策稳定经济及其增长预期。因此，想要有序化解地方政府隐性债务难题，要将其置入经济发展的大环境中去思考路径，不能忽略经济对地方政府财政政策的影响这个关键因素。

2. 有序化解的路径选择

在明确有序化解地方政府隐性债务总体要求的前提下，探索地方政府隐性债务治理的具体路径，可以帮助我们更加清晰地认识隐性债务化解的复杂性、艰巨性和长期性。具体路径包括：

（1）合理平衡收支。近些年，国家积极实施降税政策，同时地方政府债务风险持续累积，一方面是收入减少，另一方面是支出增加，给地方政府带来较大的财政压力。新冠肺炎疫情对我国2020年上半年经济运行产生了较大冲击，地方财政收入同比下降较多，使地方财政收支矛盾进一步突出。① 想要从根本上化解地方政府隐性债务难题，就必须平衡好地方政府的收支体系。内忧外患之下，地方政府想要保持财政收支平衡，只能在“开源”和“节流”上下功夫：

第一，开源节流的前提是科学发展的思想。2019年8月9日《中国纪检监察报》刊发的贵州省纪委监委梳理的典型案例汇编中披露，原贵州省独山县委书记潘志立罔顾独山县每年财政收入不足10亿元的现实情况，盲目举借债务打造“天下第一司楼”“世界最高琉璃陶建筑”等形象工程、政绩工程。截至他被免职时，独山县债务高达400多亿元，且债务融资成本超过10%，这意味着独山县每年需要支付40多亿元的利息，全县财政收入缺口巨大。实际上，独山县级政府债务高企、盲目建设并不是罕见的案例，在全国多处发现了类似现象存在。2018年9月，国务院约谈了8个贫困县政府，发现不少地方存在城建盲目追求大景观的现象，有的贫困县负债率高达336%。梳理许

① 金海年．地方政府财政收支不平衡与收支结构对经济发展差异的解释［J］．发展研究，2013（8）：55－59.

多案例，想要防范化解地方政府隐性债务，就必须树立科学发展的思想，在建设地方有影响力的项目时，可以使公众参与、让专家论证，进行风险评估、合法性和可行性审查。要用好的政绩观引导地方政府开源节流，有序化解地方政府隐性债务风险。

第二，开源节流的措施是因地制宜的考量。从第五章中提到的镇江、山西、海口、湖南和陕西化解地方政府性债务的模式中可以看出，地方政府的开源节流措施应因地制宜。通过对这五地的模式总结，开源节流措施包括：一是引入金融机构，债务以长置短，以低息置换高息，降低债务的增速，预防风险失控；二是拆除违法建筑，整改存量违法用地，集约节约用地，盘活各类闲置土地和房产；三是对有稳定现金流、重资产、长周期的同类优质资产重组，优化资产结构和债务结构，增强融资信用；四是压缩一般性和经常性支出，各级地方政府及各部门要牢牢树立过紧日子的思想，继续优化支出结构，严控政府购买服务违规融资项目，探索建立多部门联合参与的审批机制；五是梳理经营性资产，建立透明的管理体系，盘活存量资产，从中安排一定资金比例用于偿还债务；六是加快债务置换，优化债务结构，降低利息支出；七是梳理融资平台，分类推进融资平台公司市场化转型，从根源上拧紧隐性债务的“水龙头”；八是将防范化解地方政府隐性债务风险列入地方政府工作绩效评估重点指标，在全面小康监测考核中对隐性债务高风险地区“一票否决”，强化督导问责，对违法违规举债行为进行问责。

第三，开源节流的目的是良性循环的平衡。化解地方政府隐性债务是一个系统性工程，需要制订中长期的计划，但最终的目的是地方政府收支进入一个良性的循环，这样才不会继续累积隐性债务风险。[①] 对于隐性债务，堵不如疏，债务的另一面是资产，如果资产不能有效利用，不能产生收益，就不能有足够的生息周期完成化解。因此，地方政府债务系统良性循环的含义包括两个方面，一方面是有效梳理债务和资产，对其进行分类管理，根据类别

① 钟军委，郝秀琴. 逻辑与路径：对中国地方政府债务问题的反思与规制［J］. 财政科学，2020（5）：64－71.

的特性采取相应的措施进行处置。利用各种方法降低债务利息，全面低息置换。在这些基础上加强源头管理，防范新增地方政府隐性债务。另一方面是以时间平顺隐性债务风险，加强隐性债务管理，防止债务集中到期情况发生，合理配置债务期限。

（2）合理统筹债务。虽然本书研究的是地方政府隐性债务风险的防范和化解，但不能只针对隐性债务本身去研究，有时还需要置身于地方政府债务的大环境中去研究。在隐性债务这个分类提出前，是没有隐性债务之说的，只有地方政府性债务等说法。目前我国没有一个统筹地方政府债务的机构，但学者和监管部门也在往这方面努力。地方政府隐性债务防范和化解的前提是摸清楚地方政府性债务（包括隐性债务）的结构和规模，梳理清楚后，科学合理地对其进行统筹。我国债务问题非常复杂，仅就举债主体而言，可以粗略分为政府性债务、企业债务（非金融企业部门债务）、银行等金融机构债务和居民债务等。政府性债务中的中央政府债务规模和管理相对较为清晰，但地方政府性债务，无论是规模还是管理都较为复杂。近些年，经过多轮摸底和清理，地方政府性债务的管理也逐渐透明和规范起来，不过历史遗留问题和违法违规举借债务的冲动仍然存在。

另外，此前对地方政府性债务所实施的风险管理，仅依赖于部分统计数据和突击性专项审查等传统手段，这种管理方式，数据信息传递较为滞后，统计的数据记录不完整，很难确切掌握地方政府隐性债务的实际情况。2019年1月1日正式实施的《政府会计制度》，优化了地方政府债务风险管理体系，能够核算和提供关于政府运行和管理的基础性数据，可持续监控地方政府隐性债务风险。统筹债务的目的、方法上文提到过，笔者在此处做一下总结：地方政府对债务进行科学合理的统筹目的是降低债务成本，合理配置债务偿还期限，给自己足够的债务偿还时间。方法有很多种，比如用长期、低息贷款置换短期、高息非标债务，将隐性债务转换为企业债务，等等。

（3）合理整合资产。地方政府合理整合本地区的资产资源，不仅是化解地方政府隐性债务风险的需要，也是认真落实党中央的决策部署，增强地区经济发展活力的需要。地方政府的财政部门应积极发挥财政职能，多渠道、多方式盘活现有的行政事业和国有企业的资产资源，对闲置、低效使用的资产资源，宜出租的出租，适合变现的变现，能盘活的盘活，积极推动财政增收。①

第一，推进行政事业单位和国有企业的房产统一公开招租，提高房产出租收益。不断完善行政事业单位和国有企业统一公开招租管理办法，引入市场竞争机制，遵循公开、公平、公正的“三公”原则，实行统一公开招租，进一步实现租金的市场化，提高出租收益。

第二，推动闲置资产资源转让变现，提高资产整合力度。各级地方政府对本辖区内所有闲置资产进行分类调查摸底，对违法违规占用土地、房屋和各种资源的行为，坚决予以打击并妥善处置。主动与违建、违法占用等个人和单位接触，调查情况，提出解决方案，妥善处置。不断提高资产整合、处置能力，提升处置效率。

第三，在辖区内统筹资源，助力国有企业改革。对行政事业单位掌握和控制的资源，进行充分论证，暂不具备转让条件的资产，积极调整为经营性资产，通过资产划拨、资本金注入等方式，增强国有企业的盈利能力、融资造血能力，推动国有企业高质量发展。

综上所述，化解地方政府隐性债务是一个系统工程，需要制度提供保障，建立起刚性约束，才能从根本上杜绝隐性债务的产生。防范新增隐性债务时，不能将隐性债务与地方政府债务系统割裂开，需要从地方政府债务系统整体中寻求解决方法。想要理顺债务系统就不得不面对收支两套体系，一方面整合债务，调整债务结构，科学管理债务。另一方面盘活和管理各类资产、资源和资金，减掉各项不合理开支，在开源节流上下足功夫。

3. 有序化解的成果考核

有序化解地方政府隐性债务，不仅是重要的经济任务，更是一种政治责任。隐性债务问题说到底是地方政府发展理念和政绩观的问题，反映出一些

① 殷建峰，王蒋姜，麦丽斯．我国地方政府债务的区域不平衡问题研究［J］．金融评论，2020（1）：13－33＋123.

地方政府领导干部对债务的固定思维，习惯走大基建、高负债和高增长的老路。对于地方政府化解隐性债务的成果需要考核，要把隐性债务的底数厘清，化解措施一定要精准，化解重点一定要有保障，化解底线一定要守住。要主动采取务实措施，成果考核可以从以下几个方面进行考量：

第一，化解地方政府隐性债务风险工作方案的可行性。地方政府相关部门要督促各单位全面掌握、统计地方政府隐性债务情况，分类进行梳理，准确摸清地方政府隐性债务的底数和样态。根据隐性债务的实际情况，制定具有可行性的化解隐性债务风险的工作方案。摸清情况是方案具有可行性的前提，工作方案利益最大化才是可行性的核心，对不同情况隐性债务的处理方式，会影响债务成本和后续再融资、再利用等问题。想要保证化解隐性债务风险时利益最大化，需要针对不同类别的隐性债务采取不同的处置方式，适合市场化处置的坚决要按照市场规律处置，不适合市场化处置的，不应盲目处置。利益最大化是衡量工作方案可行性很重要的指标，债务处置本质就是资源的重新配置，如果不按照利益最大化来配置，那么怎么来衡量配置的可行性、最优性呢？所以，对工作方案可行性的要求就是利益最大化。

第二，化解地方政府隐性债务风险工作措施的成效性。考核工作措施的成效性，应制定科学的考核指标，列出影响工作方案利益最大化的指标或因素，形成具体的成效考核清单。地方政府成立考核工作组，对各单位化解隐性债务工作进行实地督查或考评，工作组按照成效考核清单，进行专题考评，并将考核结果纳入“四个全面”考核计分。对未能完成地方政府隐性债务化解目标的单位，在考核中予以扣分。

第三，化解地方政府隐性债务风险工作成果的持续性。要提高各级地方政府及相关部门思想认识，积极主动配合、全力支持考评工作，实事求是梳理隐性债务，认真接受工作组的监督指导。要严明工作纪律，及时发现隐性债务化解中存在的问题，保障化解工作的持续性，避免考核时做面子工作，考评过后不认真落实化解工作。

综上所述，有序是化解地方政府隐性债务风险的核心要求，有序化解工作的总体要求、路径选择和成果考核，构成了一个完整的工作逻辑链条，可以指引地方政府在纷繁复杂的隐性债务化解工作中找到方向和方法。

二、法律规制的目标

在制度防范、有序化解的思路指导下，加强对隐性债务风险的动态监管和审计，进一步完善地方政府债务管理制度和控制隐性债务风险。地方政府一方面要完成地区经济发展任务，另一方面又要接受债务审计的监督，该如何平衡二者的关系一直困扰着许多地方政府。要解决这个问题，建立一个合理的地方政府债务管理制度，需正视地方政府的举债需求，为地方政府打开举债的“前门”，堵住违法违规举债的“后门”，才能真正做到制度防范，有序化解隐性债务风险。

（一）完善地方政府债务管理制度

防范和化解地方政府隐性债务风险归根到底要完善地方政府管理制度，正视地方政府的举债需求，既不盲目压制，也不放纵，为地方政府规范举债开“前门”，堵住违法违规举债的“后门”。只有这样，才能从根本上防范和化解隐性债务风险，达到治标治本的目的。

1. 正视地方政府举债需求

我国地方政府职能的内容非常丰富，作为上层建筑的组成部分，主要承担建设职能、保障社会职能和促进社会发展职能。地方政府需要建设、经营和管制地方公共基础设施，保障本地区社会性事务方面的管理和服务，为地方可持续性发展创造条件。地方政府在履行这些职能时，需要大量资金支持，“巧妇难为无米之炊”，如果不能正视和保障地方政府的举债需求，要么地方政府不能提供高质量的公共服务、基础设施和发展环境，要么地方政府只能违法违规举借债务，无论哪种情况发生，都不利于地方经济社会的可持续发展。因此，要正视地方政府举债的需求，债务不仅是一种负担，更是一种资源，地方政府可以通过举债弥补财权上的不足，进而解决财权和事权失衡问题。但正视地方政府的举债需求，不代表盲目地、无要求地支持地方政府无序举债，而是支持“合理”的需求。想要做到“合理”非常困难，但这却是完善地方政府债务管理制度的关键因素，“合理”的第一步应从理顺政府职能开始，划清政府与市场的边界，进而确定地方政府合理举债需求。

在政府与市场边界划分上，目前突出的问题是，本应由市场解决的问题，政府却大包大揽。比如政府投资文化产业，大建文化古城，动辄数十亿元，却收不回投资。文化产业可以交由市场去做，政府只需提供好的政策、好的服务支持。如果不能真正划分政府与市场之间边界，即使中央政府给了地方政府与事权相匹配的财权，也仍然无法满足地方政府的需求，其还是会有违法违规举债的冲动。

2. 打开地方政府举债“前门”

《预算法》规定地方政府只能发行债券举债，债券是地方政府唯一、法定的借债形式。在正视地方政府融资需求的基础上，国家可以通过调整债券的用途、发行规模和程序等要素，增加法律的弹性，以适应地方政府实际发展需要。比如专项债券。2020 年 3 月 27 日，中央政治局会议明确指出：“加大宏观政策调节和实施力度，要适当提高财政赤字率，发行特别国债，增加地方政府专项债券发行规模，落实好各项减税降费政策，加快地方政府专项债发行和使用。”随后 2020 年 3 月 31 日，国务院常务会议指出：“要进一步增加地方政府专项债规模，扩大有效投资补短板，要在前期已下达一部分今年专项债限额的基础上，抓紧按程序再提前下达一定规模的地方政府专项债。”中央政治局会议和国务院常务会议传达的精神可以指导扩大专项债券的发行规模，来应对疫情给经济造成的压力。专项债券的使用，必须有明显的经济社会效益，是政府必须承担的投资项目。专项债券比较强调项目收益和融资之间的平衡，项目绩效管理主要包括 4 个指标：一是偿债资金来源。专项债券项目在审查时，要重点关注项目是否有稳定可靠的收益，保证偿债资金的来源。二是项目收益与融资平衡。融资规模、项目周期要与收益相匹配，确保专项债券期限与项目期限匹配，防范期限错配风险。三是融资成本。专项债券资金不同于一般财政资金，融资成本涉及资金的“借、用、管、还”全流程。四是支出属性。专项债券是对未来财力的支出，要平衡代际公平，不能寅吃卯粮。

3. 堵住地方政府举债“后门”

只有正视地方政府的融资需求，开好融资的“前门”，才能堵住地方政府举债的“后门”，堵住“后门”，“前门”的存在才有意义。从2016年末以来，财政部《关于进一步规范地方政府举债融资行为的通知》（财预〔2017〕50号）和《关于坚决制止地方以政府购买服务名义违法违规融资的通知》（财预〔2017〕87号），严禁地方政府以政府投资基金、PPP项目、政府购买服务等名义变相举债，各省开始清理违法违规融资担保问题，并组织开展政府性债务的核查摸底工作，对新增地方政府隐性债务问题倒查责任，终身问责。对于地方政府隐性债务这扇“后门”，中央坚持不救助、不兜底，坚决打消地方政府、金融机构和社会等其他主体认为中央政府会为隐性债务“买单”的念头。①

债务对于地方政府是一把双刃剑，就好比财政赤字，地方政府不借债务或较少举债，因缺少资金会限制地区经济社会发展，超出地区财政承受能力过度举债，同样会限制经济社会发展，只有合理、适度，正视地方发展需求的债务，才能促进地区发展，使社会整体效益最大。

（二）防控地方政府隐性债务风险

隐性债务是地方政府债务风险的雷区，防控风险的方法一直以来备受国内外学界的关注。地方政府无序、过度举债常常会扰乱财经秩序，倒逼中央政府事后救助或兜底。无论是地方政府债务风险，还是隐性债务风险，风险的累积是一个发展演变的过程，在这个过程中，如果能通过定量技术检测、评估债务危机的触发概率，将有利于决策部门提前采取防范、应急和后期处置等措施。中央反复强调要建立地方政府性债务风险评估预警机制，定期评估政府性债务风险情况，并及时预警。

1. 建立地方政府隐性债务风险评估预警机制

政府性债务是之前的债务分类维度，现在债务是按照显性债务和隐性债

① 审计署. 财政部关于坚决制止地方政府违法违规举债遏制隐性债务增量情况的报告［EB/OL］.［2020-07-22］. http：//www. audit. gov. cn/n5/n26/c118298/content. html.

务维度来分类的。隐性债务预警评估应将评估预警时点往前移，移至风险暴露之前的两年内,① 从而留出足够的时间做应急和后期处置。笔者认为建立风险评估预警机制应从以下几个方面入手：

第一，建立债务风险评价指标。评估债务风险的基础是正确评价地方政府债务规模的风险性，而这需要从隐性债务存量指标入手。同时对地区 GDP、综合财力水平、人口数量等数据进行标准化处理，从而得出债务负担率、债务率和人均债务等具体指标数据。我国隐性债务有明显的机构性特征，单凭规模无法全面预测债务风险。例如，负有偿还责任的债务，或有债务（担保和救助责任)，还有的地区比较依赖土地财政，土地出让收入受政策调控波动较大，进而影响债务的偿还。除了基础指标、债务结构指标外，债务年增长率、逾期债务率、担保关联债务逾期率等动态指标同样是判断债务风险非常重要的参考因素。

第二，建立债务风险测算模型。在建立比较科学的测算指标的基础上，可以分别从债务规模、结构和动态指标等方面进行风险测算，但我国各地经济发展并不均衡，地区差异较大，各地区抗债务风险能力不同。因而可以将地区抗风险能力和偿债能力纳入风险预警机制。在构建风险测算模型时，可以参考企业过度负债预测模型。②

第三，建立债务风险地区评级。根据上述指标和模型测算地方政府隐性债务风险评级，具体可分为较低、适度、较高、极高四类。有的学者将地方政府性债务的评级分为五级,③ 不同级别对应着不同的风险处置机制。囿于专业限制，笔者无法对模型、测算过程做详细分析。可以按照政府无法偿还本

---

① 郭玉清．地方政府债务风险的量化预警、评估方法及应用［J］．财经智库，2019（3）：47－65＋140.

② 可参考该模型：$Risk = \beta 1 MeanGDP + \beta 2 \mathrm{Lnc}GDP + \beta 3 MeanRevenue + \beta 4 Ur - ban + \beta 5 Fiance + \varepsilon$，其中，*Risk* 是指地区的政府债务风险；*MeanGDP* 及 Lnc*GDP* 分别为地区的人均 GDP 以及 GDP 增长率；*MeanRevenue* 为人均财政收入，以其代表政府的偿债能力。详见黄茜，安广实，姚群．我国地方政府性债务风险预警机制构建［J］．商业会计，2020（7）：81－84.

③ 刁伟涛．债务率、偿债压力与地方债务的经济增长效应［J］．数量经济技术经济研究，2017（3）：59－77.

息的严重程度，将债务风险事件分为一般、较大、重大、特大4个等级①，通过加强债务风险评估与预测，做到风险早发现、早报告、早处置。

2. 建立地方政府隐性债务风险应急处理机制

为了防范和化解隐性债务风险，保障债务风险可控，应建立地方政府隐性债务风险应急处置预案。坚持底线思维，以建立机制、落实责任、抓住重点、遏制增量为重要举措，对隐性债务风险应急处置作出系统性安排，持续增强地方政府债务风险防控能力，可根据债务风险等级实行相应分级响应和应急处置。对于一般债务风险等级，地方政府可依靠自身能力化解，在区域内采取隐性债务调减投资计划，统筹资金偿债，调整财政支出结构，处置闲置资产等措施筹措资金化解隐性债务风险。对于较大、重大、特大级别债务风险，在采取一般风险等级措施的基础上，确有必要时，可以实施财政重整，可以拓宽财源，压缩公用经费，控制人员福利开支和暂停新增人员等，也可以暂停机关事业单位各项补贴和奖励政策，指定专业机构接管政府资产，加强预算支出审查等。

按照属地管理原则，明确各级政府的隐性债务风险管理由属地政府负责，防范债务风险管理责任架空，风险应急处置工作全方位覆盖。加强财政风险监测，对可能导致隐性债务风险事件的信息、数据等进行收集分析和预估研判，定期对重点领域排查风险隐患。要始终绷紧财政可持续这根弦，要求项目资金与政府承受能力相结合，从源头上遏制隐性债务增量。

3. 建立地方政府隐性债务风险后期处置机制

保存好隐性债务风险应急处置过程中的评估和预测报告、数据、工作记录、会议纪要等相关文件资料，及时对这些文件汇总，应急处置结束后，要形成最终的书面总结报告，向本级人大常委会和上级人民政府报告。隐性债务风险处置结束后，地方政府及其有关部门对隐性债务风险事件应急处置情况进行评估。评估内容包括：一是隐性债务风险事件发生的原因。反推债务

① 国务院办公厅：《关于印发〈地方政府性债务风险应急处置预案〉的通知》（国办函〔2016〕88号）。

风险事件发生的真正原因，总结此次经验，根据原因完善相应的制度。二是隐性债务风险事件相应处置过程。隐性债务风险应急处置过程是宝贵经验，为未来地区债务管理提供实践支持。三是隐性债务风险事件应急处置效果。事后需对应急处置效果进行评估，总结效果是否理想，如果不理想，找出原因，为类似的债务风险应急处置提供范本。四是隐性债务风险事件后续影响。隐性债务风险事件的应急处置，可能会影响到未来地方政府债务管理的重点等。

综上所述，建立隐性债务风险评估预警、应急处理和后期处置机制是为了提高地方政府动态检测、实时预警的能力，提前妥善做好隐性债务风险应对工作，将风险防控工作科学化、精细化。但归根到底，隐性债务只是地方政府性债务的一部分，很难单独建立一套隐性债务风险应急处置机制，切实可行的办法是在地方政府性债务风险应急处置预案中重点关注隐性债务风险，将其单独作为一个工作单元来对待，更有利于整体控制债务风险。

三、法律规制的路径

目前地方政府隐性债务风险总体可控，但有较大的防范和化解风险的压力。在明确制度防范新增隐性债务，有序化解存量隐性债务的思路指导下，具体路径强调动态性和系统性，对地方政府举债的全部环节实施动态监管，可以从根本上防止地方政府违法违规举债，彻底关上隐性债务这个“后门”。系统性的审计更像是从另一个维度监督隐性债务的化解工作，通过系统性的审查可以从整体上判断隐性债务的总规模、总风险、债务结构和类型，为化解工作打牢基础，可以做到事半功倍。

（一）多环节动态监管

2017 年在全国金融工作会议上，习近平总书记明确提出“要把主动防范化解系统性金融风险放在更加重要的位置，科学防范，早识别、早预警、早发现、早处置”。穿透式监管理念和方法，有助于打击地方政府违法违规举债行为，遏制新增隐性债务，对于存量风险可以做到及时识别和化解。[①] 穿透式

① 涂碧君．我国地方政府债务融资法律监管的完善［J］．法律博览，2018（4）：211．

监管具体落实时，体现在地方政府举债决策和审批环节、资金使用和偿还环节，以及违规举债的追责环节上，是多环节动态的监管。

1. 地方政府举借债务决策环节

地方政府举债方式与经济发展模式和预算管理密切相连，要加强财政预算约束，确保政府投资与经济发展水平和财力状况相适应，从源头上遏制地方政府过度举借债务搞大基建、谋政绩的冲动。在实践中，重点核查举债的项目是否充分论证了财政承受能力，是不是政绩工程、形象工程，项目投资预算及资金平衡方案等，明确债务资金来源与偿还责任分配，制定融资平衡方案。涉及重大融资项目，需要按照法律规定的程序报同级人大及其常委会审查批准，依法纳入预算管理。同时还要重点核查地方政府是否下达融资计划、重点项目建设计划、年度绩效考核、会议纪要、领导批示等形式的融资要求，要求企业为政府融资。

2. 地方政府举借债务审批环节

可以在审批环节中加强地方政府举债行为的监管，但随着金融工具的创新，地方政府违法举债方式越来越间接、隐蔽，有时与金融机构联合起来利用政策打“擦边球”，将违法违规项目包装成合法合规项目。秉持穿透式监管原则，将地方政府举债审批环节按照材料的内容，逐项审查合规性。[①] 具体包括：一是项目的合规性。审查项目的手续是否完备，是否属于国家限制或禁止投资的范围，项目立项是否符合本地区经济发展情况。二是资本金的合规性。项目融资手续是否齐全，债务资金到位情况，以及债务资金是否作为项目资本金。项目经营收入来源是否符合政策规定，例如是不是政府补贴、代建收入、土地出让收入等。政府是否以超越权限或虚构应收（付）合同、应收账款及代建收入等方式配合融资平台等主体虚增营业收入。三是担保方式的合规性。对举债项目审查时，要重点审查项目的担保合同、抵押合同，审查是否有地方政府出具的承诺函、安慰函，合同中是否有保底收益条款或变

① 陈工，朱峰．地方政府债券的发行与监管：发达国家的经验借鉴［J］．财经智库，2017（3）：102－117＋143.

相担保等，是否承诺以预期土地收入作为还款来源或通过公立学校、医院提供担保。四是信息披露的合规性。规范辖区内的项目融资行为，尤其是国有企业融资信息披露，严禁融资与地方政府信用挂钩。

3. 地方政府债务资金使用环节

首先，地方政府举借债务获得的资金，应依法用于公益性支出，不得用于经常性支出。要穿透债务表层法律关系，通过对资金流向的跟踪，确定债务资金的最终用途，是否用于政府公益性项目建设，是否会构成隐性债务，避免违法违规投资经营性项目。其次，在审查债务资金流向时，一方面，应厘清政府债务与企业债务的边界，准确统计政府性债务与隐性债务的规模，准确判断债务风险和预警，指导隐性债务风险较高的地区进行财政重整；另一方面，识别“坏杠杆”，引导地方政府正确认识和利用金融产品，避免盲目使用金融产品，增加债务规模。最后，严密跟踪资金流向，落实债务资金最后用途，是否存在资金空转回流用于还本付息或被政府其他项目挪用等情形。

4. 地方政府债务资金偿还环节

地方政府债务到期后涉及还本付息，这部分资金应分类纳入财政预算管理。在资金偿还环节，实行穿透式监管，对还本付息资金的来源严格审查，倒查其合规性，判断该部分债务是否会构成隐性债务。在核查偿债资金来源时，首先要判断是否为财政资金，获取资金的程序是否符合《预算法》和相关的政府债务管理规定。其次，分析地方政府债务年度利息支出与财政收入比例的合理性，判断是否存在举债付息的情况。最后，对偿债资金进行逐项审查，重点关注将企业债务转移给政府的项目。

5. 地方政府违规举债追责环节

地方政府适度举债是促进经济发展必需的手段或方式。在现代政府财政管理理论中，鼓励地方政府适度举债用于提供公共服务和基础设施建设，进而刺激地区消费和经济发展。但地方政府举债不能不顾本地区财政承受能力，超前、超额举债，透支地区发展潜力，造成大量的形象工程、重复投资、过剩产能。例如前文提到的贵州省独山县负债 136 亿元，8 个乡镇平均负债 17 亿元，原县委书记急功近利，盲目融资举债建设水司楼、赛马场等政绩工程、形象工程。贵州省纪委监察委对该县委书记的评语是“罔顾民生、肆意妄为、我行我素”。因此，要对地方政府违规举债的责任人追责，倒查责任、终身追责，杜绝因个人利益、局部利益等一时利益损害长远利益。[①] 通过对违法违规举债行为的追责，明确每一个环节的直接责任和领导责任，防止相互推诿，从根本上制止地方政府主要领导干部的“胡作非为”。同时，对金融机构的违法行为要严格审查，增强政府违法违规举债的市场约束。

对地方政府举债行为采取动态监管，是穿透式监管的内在要求，更是防范和化解地方政府隐性债务风险的具体路径。对举债决策、项目审批、资金使用、偿还本息和违法追责环节进行监管，多层次、多角度地系统审查地方政府债务，让隐性债务无处可藏，让隐性债务风险无处可积。

（二）多举措系统审计

2011 年我国开展了第一次针对地方政府性债务的审计活动，对截至 2010 年底全国省、市、县三级地方政府性债务情况进行统计。2013 年 8 月又开展了第二次审计活动，审计对象包括中央、省、市、县、乡五级政府，比 2011 年的审计范围更大，对我国地方政府性债务做了一次较细致的摸底。两次审计后，发现了许多问题，审计署对此进行了持续监督。从 2018 年开始，审计署重点关注地方政府隐性债务风险问题，以及地方政府化解和防范措施的落实情况。中共十九届三中全会提出，构建统一高效审计监督体系，实现全覆盖，优化审计职责。《审计法》对审计机关的职权范围做了明确规定，审计机关有权对违法经济行为进行制止，有权对违反国家相关法律法规的财政收支行为进行处罚。[②] 对于隐性债务的审计摸底是第一步，也是基础工作，还要加强后续的信息披露和监测等工作，将隐性债务纳入阳光化、法治化轨道。针对地方政府隐性债务的系统性审计应加大力度，逢债必查、违法必究，扩大审计范围，立足政府支出责任，全口径审计政府性债务，拉长审计视线，围绕债务资金的借、用、还监督审计，厘清违法违规责任。具体审计路径如下：

---

① 周群峰．贵州独山：一位引进干部留下的400亿债务［J］．中国新闻周刊，2019（11）：28－33.

② 参见《中华人民共和国审计法》第四十、四十三、四十四、四十五条。

1. 加大审计力度，突出工作重点

有地方政府将政府性债务审计纳入了同级财政预算执行审计、财政决算审计和领导干部经济责任审计工作中，例如浙江省。必要时，审计部门还可以对政府性债务开展专项审计调查，做到逢债必查、违法必究。通过持续的审计监督，可以促进地方政府性债务管理更加规范，防范地方政府隐性债务风险的累积。在审计过程中，如果发现地方脱离实际，盲目、过度举债，违法违规举债或担保，违规使用资金、恶意逃废债务等，要理清责任，除了在相关的审计报告中对此重点反映外，还要按照规定向有关部门通报及提出追究相关人员责任的建议。要将举债责任落到实处，终身追责，促进各级政府及其相关人员树立正确的发展观和债务观，避免走依靠举债发展经济的老路。

加大审计力度的同时要重点做到 5 个关注：一是关注审计的完整性。通过审计进一步了解地方政府隐性债务项目、规模、资金来源、融资成本等信息。二是关注审计的关联性。大型项目的融资往往法律关系、资金来源复杂，延续时间较长，审计时要注意时间、主体和资金间的关联性。三是关注审计的安全性。地方政府举债应与自身财政状况相适应，避免超能举债，造成债务逾期率高，地区财政安全性受到挑战。四是审计的合规性。关注地方政府举债程序的合规性，资金使用和偿还的合规性，还有对外担保、反担保的合规性。五是审计的有效性。要坚持对隐性债务审计的持续性和稳定性，强化审计对隐性债务的监督价值。

2. 扩大审计范围，推行联动模式

进一步扩大地方政府性债务的审计范围，既关注存量债务，又关注新增债务；既关注显性债务，又关注隐性债务。重点关注 BT 项目、PPP 项目、政府购买服务、明股实债、反借补偿款等 5 类项目或行为中可能存在的违法违规行为，以及因此产生的隐性债务问题。其中要特别关注市县政府与社会资本合作行为的合规性审计，审查是否存在承诺回购社会资本方的股权或资本金，对社会资本方的投资托底，向社会资本方承诺最低收益等变相举债问题。还有对政府购买服务的审计，审查是否存在将各类基建项目、基础设施建设项目、储备土地前期开发项目、农田水利等建设工程作为政府购买项目，将非银行金融机构提供的融资行为纳入政府购买服务范围内。是否存在以政府购买服务的方式承诺对 PPP 项目投资或回购其产出的公共产品和服务。

扩大审查范围的同时，还要注重与其他审计的联动，即隐性债务审计与财务审计、绩效审计和经济责任审计联动。隐性债务与财务、绩效结合到一起审计，加强审计平台硬软件设施建设，建立审计数据库，实现动态、立体、远程审计，审计资料和统计数据相互认证、互补互用，审计结论做到审计数据不重复、不遗漏，客观准确。对地方政府隐性债务审计实行事前、事中、事后全面监督，与经济责任审计相结合，落实问责制度。进而找出政府债务管理中的薄弱环节，促使地方政府建立科学有效的债务管理机制，防范和化解隐性债务风险。

3. 拉长审计视线，实行系统审查

对隐性债务的审计，是系统性的审计，不能仅针对隐性债务本身来审计，而是需要放到地方政府性债务大环境中审计，才能准确识别、处置和防范。因此，应拉长审计视线，对政府性债务支出用途、程序规范和风险防范的审计内容予以明确。一是在审计并掌握地方政府性债务基本情况的同时，审查新增债务的合规性，关注地方政府违规举债所产生的隐性债务问题。关注债务资金使用情况，检查置换债券资金是否用于存量债务置换，新增债务资金是否用于事先批准的资金用途，是否存在债务资金被挪用现象，如用于建设楼堂馆所，支付经常性开支。二是审计工作中关注政府债务信息披露，核对政府性债务预算管理与信息公开情况，其中重点关注政府购买服务和 PPP 项目信息公开的内容①。三是检查债务风险较高的市县债务风险应急处置预案和化解债务计划的制定及执行情况，加强对较高债务风险市县形成原因的分析，关注该地区财力状况与债务的匹配度。同时提醒省级财政部门关注有较高债务风险市县的债务配额，做好债务管理。通过系统审计督促地方政府落实好债务风险评估预警机制，做好防范和化解隐性债务风险工作。

---

① 谭建立，范乐康．我国地方政府债务确认、计量及报告研究［J］．财政与税务，2016（7）：87－92.

综上所述，无论是动态监管，还是强化审计，目的都是规范地方政府举债行为，建立规范的举债范式。让地方政府在监管和审计的高压下，不敢违法违规举债，进而摸清隐性债务的实际情况，制定化解债务方案，避免新增隐性债务。

第七章　地方政府隐性债务风险的法律规制建议

防范和化解地方政府隐性债务风险是一个系统工程，不能单纯地从防范和化解两个层面去研究，而是应从地方政府财权事权相匹配的高度去理顺地方政府债务管理制度，进而争取做到地方政府债务走合法合规举债的“前门”，不走违法违规举债的“后门”，彻底防范新增隐性债务。而对于存量隐性债务的化解，要争取利益最大化，找到问题的症结，采用市场化的方式去化解，让各方满意。

一、治本清源：财权事权相匹配

虽然1994年的分税制改革很大程度上加强了中央政府财政汲取能力，转移支付制度作为配套制度极大缓解了中央政府与地方政府之间的财力不平衡问题，但地方政府的财权受到极大的限制，财力自主权受到严重削弱，特别是财权事权不匹配给地方政府带来了较严重的债务问题。① 这个问题在2008年金融危机爆发，国家推出大规模经济刺激计划之后更加严重，在各级地方政府和金融机构的杠杆层层加码之下，地方政府债务规模迅速扩大，其中就包括隐性债务这个风险雷区。想要从根本上防范和化解隐性债务风险，就必须从根本上求解决，治本清源，让地方政府财权和事权相匹配，完善地方政府债务管理，为地方政府举债开“正门”，打消地方政府违规举债的冲动，堵住“后门”。

---

① 刁伟涛．新中国地方政府债务70年：历程、现状与展望［J］．财政监督，2019（19）：17－21.

（一）完善地方政府财权事权平衡机制

中共十九大报告中提出，“建立权责清晰、财力协调、区域均衡的中央和地方财政关系”，涉及政府间财权、财力与事权三者之间的关系。这改变了以往总是强调财权、事权二者相匹配的研究角度，加入了财力这个新的考虑因素。财权与财力这两个概念关系非常密切，财权是指各级政府为履行公共管理职责，筹集财政收入的权力，包括征税权、收费权、发债权等。① 而财力是指各级政府在一定时期内拥有的以货币为计算单位的财政资源，财力来源可以包括税收、上级政府的转移支付、非税收入以及各种政府债务等。② 1994年分税制改革依据的是财权与事权相匹配原则，而中共十九大强调财权、财力与事权相平衡，这一转变可以解决地方政府的财力困难。③ 但财权与财力毕竟不同，笔者认为在防范和化解隐性债务语境下，财力是平衡财权与事权的重要方法之一，地方政府的财力水平是衡量地方政府统筹能力的一个重要标准，将会影响整个地方债务管理制度。因此，在研究各级地方政府财权和事权平衡机制时，要明确划分地方政府与市场的边界，确定财力范围。完善中央与地方支出责任的划分机制，建立财权事权动态调整机制，才能达到财权与事权的平衡。

1. 划清地方政府与市场的边界

地方政府的财权和事权不平衡问题由来已久，进而产生了地方政府债务问题。虽然财权和事权不匹配是地方政府债务问题的根本原因，但政府职能定位不清进一步加剧了债务问题，将本应由市场提供的服务由政府承担，出现了财政包揽过多的问题。习近平同志指出：“更好发挥政府作用，不是要更多发挥政府作用，而是要在保证市场发挥决定性作用的前提下，管好那些市场管不了或管不好的事情。”在新常态下，应进一步划清政府与市场的边界，

---

① 朱丘祥．财权、财力与政府间财政转移支付的法治化［J］．广东商学院学报，2008（4）：84－88.

② 赵聚军．突破“事权与财力相统一”观念，构建现代公共服务体系［J］．中国延安干部学院学报，2008（6）：34－37.

③ 杨志勇．政府间财政关系该如何调整：楼继伟新书《中国政府间财政关系再思考》读后［N］．东方早报，2013－04－16.

凡是市场能做的项目或投资，政府要坚决放手和支持，不要干预。凡是市场不能有效提供的公共服务或投资，政府应当主动提供或投资。① 中共十八届三中全会《中共中央关于全面深化改革若干重大问题的决定》指出："政府的职责和作用主要是保持宏观经济稳定，加强和优化公共服务，保障公平竞争，加强市场监管，维护市场秩序，推动可持续发展，促进共同富裕，弥补市场失灵。"政府在经济领域的作用主要可以归结为 4 个方面：一是维护市场经济秩序；二是提供公共产品或服务；三是调节收入分配；四是调控宏观经济。目前受疫情影响，我国经济下行压力较大，政府需在激发市场活力和防范经济风险方面发挥作用，那么就必须划清政府可以举债投资的项目范围，合理确定政府提供公共服务的范围和方式，应由市场承担的，要交给市场，避免排挤市场而导致权责错位等现象出现。进而控制债务规模，避免产生隐性债务，确保政府不缺位、不越位。

2. 完善央地政府支出责任划分

2016 年 8 月，国务院发布了《关于推进中央与地方财政事权和支出责任划分改革的指导意见》（以下简称《指导意见》），指出 2019—2020 年基本形成中央与地方政府支出责任划分的清晰框架。② 在划分中央和地方支出责任过程中要兼顾政府职能和行政效率，根据财政事权确定支出责任。将信息获取和甄别比较容易的全国性基本公共服务划分给中央政府，将信息量大、获取和甄别较困难的基本公共服务优先划分给地方政府。具体划分如下："一是将全国范围内关于环境质量检测、生态等具有基础性、战略性作用的生态保护基本公共服务划分给中央政府；二是将社会治安、市政交通、农村公路、城乡社区事务等地域性较强、信息复杂且与当地居民密切相关的基本公共服务划分给地方政府；三是将义务教育、高等教育、科技研发、公共文化、基本养老保险、基本医疗和公共卫生、城乡居民基本医疗保险、就业、粮食安全、跨省重大基础设施项目建设和环境保护与治理等体现中央战略意图、跨省（区、市）且具

① 汪同三．应进一步划清政府和市场边界［N］．人民日报，2016－08－24.

② 谭敏，于敬．合理划分央、地财权事权与支出责任的思考［J］．黑龙江金融，2017（4）．

有地域管理信息优势的基本公共服务确定为中央与地方共同财政事权。"①

在确定事权的基础上，进一步完善中央与地方支出责任划分。第一，中央事权中央支出。中央政府承担的财政事权，应由中央安排经费，承担支出责任，不得要求地方政府安排配套资金。但中央可以委托地方政府行使部分事权，通过中央专项转移支付安排支出经费。第二，地方事权地方支出。地方政府承担的事权原则上由地方政府自有财力支出，如果存在支出缺口，可以安排发行政府债券或接受上级政府转移支付弥补。第三，共同事权区分情况支出。对于中央和地方共同事权，根据公共服务的属性、收益范围、财政事权外溢程度、信息收集和甄别、各自机构相应职责等情况划分中央和地方支出责任。②

3. 建立财权事权动态调整机制

在分税体制下，通过协调事权、财权和转移支付之间的关系，动态调整地方政府的财权和事权关系。以往分税制度下，将关注重点放在政府间财权划分上，并建立相应的转移支付制度。但随着经济发展，这种财权事权动态调整机制受到了挑战，比如2015年中央财政收入占国家总收入的45.5%，支出比重为14.5%，而地方财政收入占比为54.5%，支出比重为85.5%，收支差高达31%。③ 在这种财权事权分配体系下，中央财政是"大马拉小车"，地方财政则是"小马拉大车"，财权和事权严重不匹配。针对这个问题，国务院发布的《指导意见》从根本上确立了以事权定财权的基调，改变了财权事权动态调整机制的逻辑。随着中央和地方政府财权事权和支出责任划分框架的确定，地方政府的事权将逐渐明确，地方事情地方支出毫无疑问，难点在共同事权的支出责任划分上。建立新的财权事权动态调整机制必须处理好"共事"状态下，财权和事权该如何调整和平衡的问题。

本书对建立财权事权动态平衡机制观点如下：一是事权统一处理。"共

① 《关于推进中央与地方财政事权和支出责任划分改革的指导意见》第三条第一项。

② 向杨．为什么要坚持"财权与事权相统一"[J]．安徽行政学院学报，2016（4）：16－20.

③ 王振宇．财权与事权不匹配：新一轮财税体制改革要以分税制为前提 [J]．环境经济，2018（3）：42－45.

事”模式下，要改变以往上级决策、下级执行的模式，要上下级统筹规划事权，用最优方案执行事权。二是财权按事分配。财权不再按照“分区域分级分比例分担”的原则划分，而是根据承担事权的比例划分财权。三是新增“共事”新增财权。全国经济在信息技术的推动下，一体化趋势越来越明显，中央政府调控和布局经济的方法，越来越显现出跨区域的特征，那么新增“共事”也会随着经济发展的需要逐渐增多。因此，只能新增“共事”对应的财权，来进一步平衡央地之间的事权财权关系，缓解地方政府财政压力，遏制违法违规举债的冲动，进而达到防范隐性债务风险的目的①。四是债务平衡财权和事权。以往中央和地方之间靠转移支付平衡财权和事权，现在不仅可依靠移转支付，还可以利用债务来平衡中央和地方之间、地方各级政府之间的财权和事权，这时的债务可以被视为一种财力。制度性的财权是固定的，缺乏弹性，而短期的财力可以弥补财权的缺点，达到平衡的目的。

（二）科学完善地方政府债务管理制度

《预算法》《国务院关于加强地方政府性债务管理的意见》《地方政府一般债务预算管理办法》（财预〔2016〕154 号）和《地方政府专项债务预算管理办法》（财预〔2016〕155 号）共同构建了新的地方政府债务管理体系，将地方政府债务分类纳入预算管理，改变了以往地方政府利用融资平台、政府购买服务等方式举债后债务游离于监管之外的局面，实现了老债务管理体系的整体性迁移，强化了地方政府债务管理的监管。地方政府债务是地方财政收支重要的组成部分，也是地方政府平衡财权和事权重要的方法。但在整体性变迁下地方政府债务管理存在一定的问题，尤其是面对防范和化解隐性债务风险任务时，存在债务资金投向管理不严格，债务限额核定不科学、不合理，地方政府债务分类管理薄弱等问题。因此，本书拟从以下 3 个方面提出地方政府债务管理制度的完善建议。

1. 严格限定债务资金投向

地方政府债务收入应当用于公益性资本支出，不得用于经常性支出。② 这

---

① 谭波．央地关系视角下的财权、事权及其宪法保障［J］．求是学刊，2016（1）：104－110.

② 参见《地方政府一般债务预算管理办法》第五条，《地方政府专项债务预算管理办法》第五条。

凸显了对债务自己“用”环节的管理或监管，《预算法》修改过程中全国人大宪法和法律委员会认为在明确地方政府今后举借的债务都应纳入国务院报全国人大或人大常委会批准的限额内并编入预算的基础上，进一步明确债务资金只能用于公益性资本支出，这是为了对地方政府债务从严从紧管理。公益性资本支出不同于日常性支出，是可以形成资产的支出。但《预算法》没有对公益性资本支出规定进一步细化，也没有进一步明确用途的法律含义。由于地方政府大量的债务未用于改善公共服务和基础设施，而是投向了本应由市场资本投向的领域。因此，笔者建议应从两个方面严格限定债务资金的投向。一方面是进一步明确公益性资本投向的范围。公益性项目或是无收益，或是有较少收益，无收益好判断，较少收益判断则较为模糊，容易与市场性项目收益混淆。因此，本书认为首先，项目必须是公益性的，目的是提供公共服务或设施；其次，项目收益无法产生利润或产生较少的利润，并且较少的利润不足以吸引社会资本投资。另一方面是进一步完善地方政府的资产负债表编制。地方政府举债要编制公开的资产负债表，不仅看负债，还要看资产，只有公开资产和债务存量，财务人员才能判断政府债务管理的稳健程度。①

2. 准确合理核定债务限额

《预算法》《关于加强地方政府性债务管理的意见》《关于对地方政府债务实行限额管理的实施意见》规定了地方政府债务限额管理制度，准确、合理核定债务限额是进一步完善地方政府债务限额管理制度的重点。② 理由有：一是地方政府没有确定债务限额的权力。地方政府债务总限额由国务院根据国家宏观经济形势等因素确定，并报全国人大批准。二是地方政府没有分配债务限额的权力。在全国人大或常委会批准的总限额内，由财政部根据债务风险、财力状况、宏观调控和各地区建设投资需求等因素提出分配方案，报

① 李冠青，李成友，王希希．我国地方政府债务投向及有效性分析：基于产业网络效应视角的实证研究［J］．世界经济与政治论坛，2019（5）：97－117.

② 王倩．制度刚性、多元参与和连带责任：美国地方政府债务限额管理的经验与启示［J］．财政科学，2020（2）：151－160.

国务院批准后下达到各省财政部门。三是地方政府没有调整债务限额的权力。当经济下行压力较大时，需要实施积极的财政政策，适当扩大政府新增债务限额，或者经济形势较好，需要实施稳健的宏观政策，适当削减当年新增债务限额，只能由国务院提出，全国人大批准。①

因此，各级地方政府计划单列新增债务限额时，应准确合理地测算债务额度，根据本地区债务风险、财力状况，统筹考虑中央确定的重大项目支出、地方融资需求等因素，采用科学的测算方法，力求在报送财政部之前，对新增债务额度论证充分、依据翔实。具体框架如下：第一，建立正向激励机制。在测算债务限额时，财政部、国务院等领导部门应当对债务限额测算做得科学合理的地方政府给予奖励，激励其进一步加强债务限额的论证和统筹②。第二，建立债务管理绩效评估机制。应将地方政府债务管理水平与债务限额挂钩，如果管理不好债务资金，则可以适当削减本级政府的债务限额③。第三，建立债务率风险预警机制。用债务率等客观的指标约束地方政府债务限额的核算和管理，进一步完善债务管理制度。

3. 强化分类管理地方政府债务

目前地方政府唯一的融资方式是发行政府债券，而地方债券分类管理并不彻底，没有做到实质性分类管理，对专项债券的定位不明确，市场上主流看法是专项债券与一般债券本质相同，发行主体和偿债主体实际上都是省级政府，④ 这与地方政府债务分类管理最初的目标不符。笔者认为应从以下几点强化地方政府债务分类管理：一是专项债券单只管理。专项债券与一般债券最大的不同在于专项债券具有一定的收益，不能像管理没有收益的一般债券一样统筹管理，需要单只管理。二是分类限额管理。用限额控制规模和风险更适用于一般债券，而专项债券更适合弹性的限额管理，让专项债券额度可以根据实际情况灵活变动，限额控制可以较一般债券更有弹性。

---

① 李燕，卢真．关于有效发挥政府债务限额管理作用的探讨：来自美国的经验与启示［J］．财政研究，2016（11）：31－40.

② 杨忠俭．我国地方政府信用风险评价及债务限额估算方法探讨［J］．债券，2018（6）：55－60.

③ 周金飞，金洪飞．财政信息、财政透明和地方政府债务限额管理［J］．科学决策，2018（9）.

④ 刁伟涛．新中国地方政府债务70年：历程、现状与展望［J］．财政监督，2019（19）：17－21.

（三）建立地方政府违规举债防范机制

完善地方政府财权和事权平衡机制和债务管理制度是为了从根本上缓解分税制度导致的财权事权不平衡问题，而建立地方政府违规举债防范机制是为了彻底打消地方政府及其官员违法违规举债的冲动，改变地方政府、金融机构和其他市场主体认为中央政府会为地方债务兜底的惯性思维，改变原有绩效考核指标鼓励政府举债的内在逻辑，对违法违规举债问责。

1. 贯彻地方债务中央不救助原则

对于地方政府违法违规举借的隐性债务，中央政府坚决不提供救助，彻底打消地方政府、金融机构和其他社会机构认为中央政府会买单、会兜底的念头。贯彻中央不救助原则，主要目的包括：一是促进地方政府及相关部门严格审核公共服务项目或基础设施建设项目的程序和条件；二是促进金融机构按照市场化原则评估政府背景项目的风险，合法合规融资；三是促进地方政府、金融机构和其他市场主体严格执行预算法和担保法，刹住无序举债的风气。在中央坚决不救助原则的基础上可以建立健全地方政府债务长效管理机制、深化财税体制、投融资体制，开展金融制度改革等，制度性防范地方政府违法违规举债。

本书认为贯彻中央不救助原则可以潜移默化改变许多问题：一是改变地方政府、金融机构和其他市场主体对债务性质的看法；二是改变地方政府对地方债务违约处置的预期，责任彻底落实到自身；三是改变地方政府举债的融资逻辑，从刚性兑付预期到市场化兑付预期，加强了金融机构对风险的防范。综上所述，贯彻中央不救助原则是在思想上彻底给地方政府“断奶”，让其独立面对债务问题，这有利于建立科学、规范的债务管理制度。

2. 完善地方政府政绩考核指标

2019 年 4 月 22 日，中共中央办公厅发布了新修订的《党政领导干部考核工作条例》，虽然回应了许多新情况、新问题，① 但仍需要结合政绩考核工作的短板和地方政府隐性债务存在的问题，进一步完善地方政府政绩考核指标

① 石学峰．党政领导干部政绩考核：主要问题·国外经验·修补路径［J］．治理现代化研究，2020（1）：17－26.

体系。在疫情的冲击下，经济下行压力进一步增大，这种情况下仍然需要地方政府高质量推动经济发展，而政绩考核制度是激励官员履行好职责的重要因素。① 以往将经济增长作为主要考核指标，激励地方政府过多插手地区经济，导致违法违规举债上项目屡禁不止，而在新时期尽管经济增长仍然是政绩考核的重要指标，但却不再是“唯重”指标。比如，中共十八届三中全会明确指出，“完善发展成果考核评价指标，将资源消耗、生态环境、产能过剩、科技创新和新增债务等作为重要考核内容以纠正经济增长作为主要评价政绩的偏向”。② 中央陆续出台了一系列规范性文件，加强了政绩考核指标的科学性、综合性，将绿色发展和生态文明建设列为重要考核指标。由此可见，政绩考核指标的内容可以进一步丰富，与国家经济发展趋势相吻合。笔者认为，在地方政府债务管理体系整体迁移的背景下，地方政府管理债务的能力对地区经济发展的影响越来越大，是现代政府应具备的重要能力，③ 而防范和化解地方政府隐性债务与债务管理能力和地方经济健康发展密不可分，可将此作为政府债务管理指标中的重要指标，一并列入政绩考核指标体系中。

3. 完善地方政府债务问责制度

43 号文件首次明确提出建立考核问责制度，随后《关于地方政府债务实行限额管理的实施意见》（财预〔2015〕225 号）提出要健全地方政府债务考核问责机制，国务院 88 号文件的出台则标志着问责制度初步具备了可操作性。从 2017 年起开始公布地方政府违法违规融资具体案例，从此成为地方政府债务管理制度中重要的组成部分，问责制度可以监督和遏制地方政府隐性债务过快增长的趋势，是新常态下地方政府债务治理能力的重要体现。2016 年财政部要求部分省财政专员核查政府及其所属部门的企业融资担保和专项建设基金兜底问题，随后 2017 年 3 月起财政部先后通报了重庆、山东、河南、湖北、贵州、江苏、江西和四川等省份的问责情况，2018 年又公布了安

① 李冠秀，金菁．关于地方政府债务逆向扩张的机制分析［J］．中国市场，2017（6）：23－34.

② 侯林歧，张杰．多维政绩考核、地方政府竞争与城市生产效率损失［J］．现代经济探讨，2020（1）：19－28.

③ 周国富，王晓玲，宫丽丽．地方政府政绩考核指标体系研究［J］．统计与决策，2016（16）：38－42.

徽、云南、广西、湖南、河南和山东等省份的问责情况。① 2018 年 8 月《中共中央　国务院关于防范化解地方政府隐性债务风险的意见》和《中共中央办公厅　国务院办公厅关于印发〈地方政府隐性债务问责办法〉的通知》等文件的出台，意味着隐性债务的问责进入了全面实施的新阶段。但经过几年的实践，人们发现问责体系仍然存在许多问题。针对现有的问责体系，笔者提出以下几点完善建议：一是明确责任主体类型和部门职权。明确责权规定是问责体系发挥作用的前提，建议进一步明确《预算法》的实施细则，合理配置债务问题制度中的主体类型和部门监督职权。二是明确地方政府问责实施机构。建议对问责实施的具体部门类型、层级和违规信息流动模式进行规范，与监察体制形成联动机制。三是明确审计作为问责依据的地位。地方政府债务审计是问责制度最重要的依据。

综上所述，隐性债务风险产生的根源在于地方政府财权和事权的错配，加上经济高速发展，金融机构推波助澜，债务缺口越来越大，但一直没有很好的时机去改变这种情况。随着经济发展速度放缓，国家开始关注发展质量，对地方政府债务管理制度实施整体性迁移改革，力争在不改变分税制的前提下，利用更加透明、合理的债务管理制度，建立财权和事权平衡机制，解决财权事权不匹配带来的一系列问题。

二、遏制增量：财政问题制度解

地方政府债务问题一直困扰着各级政府及其部门，一面是提供公共服务、建设基础设施、发展地区经济的需要，事权越来越多；一面是资金短缺窘境，财政没有那么多的资金，财权有限。为了弥补财权与事权的缺口，地方政府只能想尽办法举债。以往债务管理制度存在较多问题，地方政府想尽一切办法举借债务，日积月累导致债务规模滚雪球式地扩大。现在债务管理制度实现了整体性迁移，新的制度下政府债券是显性债务的代表，而隐性债务成为

① 周晓亚，万晓萌．我国地方政府债务问责案例与问责体系解析［J］．地方财政研究，2019（5）：13－20.

重点防范和化解的对象。要想彻底遏制新增隐性债务，平衡财政上的问题，只能从制度上寻求解决方案。

（一）完善地方政府债务信息披露制度

《预算法》的修订为地方政府会计体系建立提供了保障，为地方政府债务信息披露提供了基础法律依据，而《政府会计准则——基本准则》从会计准则层面为地方政府债务信息披露提供了依据，《政府综合财务报告的编制》和《总预算会计制度》将《预算法》与《基本准则》中关于政府债务信息披露的规定进一步细化，提供了地方政府债务信息披露的基本路径和具体方法。虽然地方政府债务管理制度整体迁移，推动了我国地方政府债务信息披露体系的建设，但仍然存在许多问题，比如无法披露隐性债务，我国政府会计实行的是预算会计制度，披露的信息仅限于显性债务，地方政府应承担的担保责任等隐性债务①不会体现在预算中，现行信息披露体系中自然也就无法体现。② 因此，笔者认为地方政府债务在债务资金管理法方面具有独立性，其资金获取、使用、偿还、担保等具有关联性，与其将这些信息分散到不同的报告中，还不如建立全面披露地方政府债务信息的报告制度。

1. 信息披露方式

目前地方政府债务信息披露制度存在信息格式不统一、内容不全面、信息质量难以保证、缺乏监督等问题。③ 因此，应建立一个可以全面、完整、系统反映地方政府债务资金情况的报告制度，报告是债务信息的载体，可以作为政府综合财务报告的子报告。④ 报告可以采取以下几种方式：一是建立固定报告和临时报告。固定报告是指月报、季度报、半年报等固定时间需要提供的报告；临时报告是指根据地区经济发展或上级监管部门要求，对特定类型

---

① 《政府会计准则——基本准则》中只包含“准备”类债务的核算，并不包含会计上狭义的或有负债。

② 黄雷．浅议我国地方政府债务信息披露体系建立的相关问题［J］．潍坊学院学报，2016（5）：60－62.

③ 姜宏育，韦森森．地方政府债务信息披露的问题与对策［J］．商业会计，2016（7）：13－16.

④ 《权责发生制政府综合财务报告制度改革方案》提出建立全面反映政府资产负债、收入费用、运行成本、现金流量等财务信息的权责发生制政府综合财务报告制度。

的债务或具体某一项债务做的报告，临时报告主要是为增加报告制度的弹性，弥补固定报告可能存在的不灵活问题。二是建立月度、季度和年度报告。分月度、季度和年度不同的时间点报告债务情况，是为了强化地方政府债务报告制度的持续性，持续监测地区债务信息。三是建立综合报告和专题报告。对于月报、季度报和年报而言，月报是日常报告，季度报是对本季度的综合报告，年度报告是对本年度的综合报告；而专题报告是针对债务中具体问题，专门写给上级政府或监管部门的一类报告。以上报告类型仅是不同维度的分类，彼此之间是互相关联的。

2. 债务报告内容

目前地方政府债务披露的信息以统计数据和预算信息为主，较少关注债务举借过程，对举借、使用、偿还过程中的债务合规、成本费用、绩效、资产等信息不能很好地反映，也不能准确提供债务规模、结构和风险预算等信息，不能满足地方债务管理多元信息需求。①

为了解决这些问题，本书建议债务报告的内容可以包括：一是举债背景介绍。对举债信息做概括性说明，提供一些与债务相关的基础信息，包括地区发展规划、债务规模限额、计划资金投向、债务资金决策过程等。二是债务预算会计报表。根据本地区偿债能力建立债务预算，与现行四本预算一起组成复式预算，接受人大审计和监督。② 债务预算编制内容可以包括债务总额、结构、预期偿还情况、支出预算、偿债资金来源等信息。三是债务财务会计报表及附注。与预算报告不同，债务财务会计报告以权责发生制为基础，记录债务过程性信息，可以全面反映政府负债。在这部分中可以单列地方政府隐性债务信息，加强对隐性债务信息的监控。四是债务分析报告。主要是对债务预算报告、财务会计报告和表外信息进行体系性分析，对结果性和过程性的描述信息进行解读。分析债务规模、结构、管理过程中的变化和问题，打破结果性和过程性信息之间的割裂局面，更加全面、直观地了解地方政府

① 陈志斌，陈颖超．地方政府债务管理视角下的政府会计信息效应研究［J］．商业会计，2016（3）．

② 刁伟涛，任占尚．公众参与能否促进地方政府债务信息的主动公开——一项准实验的实证研究［J］．公共行政评论，2019（5）．

债务情况。五是债务风险与绩效评价。可以根据国际惯例，采用统一的风险控制模型计算和评价政府的债务风险，从经济性、效率性、效果性和公平性角度评价债务管理绩效。

3. 债务信息来源

可靠信息来源（见图7－1）是政府债务报告真实性、准确性的保障，地方政府根据财政状况、发展规划、债务结构和规模等信息，年初编制债务预算，与政府预算一起提交人大审核，当具体债务发生时，财务会计根据具体情况，对取得的凭证进行会计确认、计量和核算，年末生成财务会计报告，然后与预算会计报告做对照。

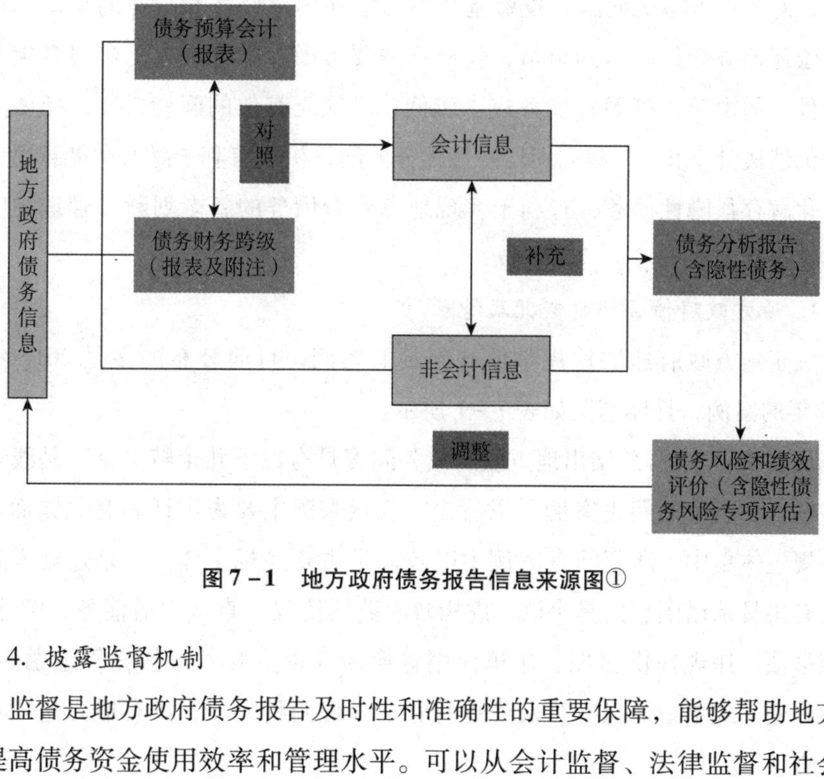

图7－1　地方政府债务报告信息来源图①

4. 披露监督机制

监督是地方政府债务报告及时性和准确性的重要保障，能够帮助地方政府提高债务资金使用效率和管理水平。可以从会计监督、法律监督和社会监督3个方面构建监督体系，实行穿透式监管，贯穿债务从举借到偿还的全过

① 姜宏育，韦森森．地方政府债务信息披露的问题与对策［J］．商业会计，2016（7）：13－16.

程。第一，会计监督。通过预算会计报告和财务会计报告比较，可以发现债务管理过程中存在的问题，加强对地方政府债务资金使用的监督。第二，法律监督。地方政府可以制定债务管理条例，改变多头监管的局面，明确追责程序，将违法违规举借债务责任落实到具体的单位和相关责任人，严格恪守债务风险底线。第三，社会监督。可以引入社会审计机构，对项目进行事前、事中和事后审计监督，利用信用评级等社会监督机制，监督债务资金使用情况。

(二) 新增地方政府隐性债务问责制度

导致地方政府隐性债务规模不断扩张的一个重要原因是地方政府的投资冲动，对于地方官员而言，投资基建项目短期内对经济和就业的拉动比较明显，偿还债务则是以后的事情，暂时不需要考虑。尽管中央出台很多规范举债文件，但由于举借隐性债务成本较低，又缺乏有效的问责机制，新增隐性债务仍然屡禁不止。① 建立新增隐性债务的问责机制有利于降低举借意愿，有利于化解存量隐性债务，有利于实现地方政府债务的新老划断和管理制度的整体性迁移。

1. 地方政府债务问责概况及特点

关于地方政府违法违规举债被问责的案例，目前公布的多是 2017 年和 2018 年的案例，具体情况如表 7 - 1 所示。

从表 7 - 1 中可总结出地方政府债务问责具有以下几个特点：一是线索来源多样。从表中的问责案例可以看出，线索来源主要为审计和有关方面。二是违规主体集中。所列问责案例中财政局是主要违规主体。三是违规方式多样。有出具承诺函、出具决议、虚构政府购买协议、直接举借债务、BT 模式变相举债、违规提供担保、违规使用置换债券资金和发行信托等金融产品。四是处理方式单一。只有行政处理和党纪处理两种方式，没有追究违规者的司法责任。

① 徐清飞. 地方隐性债务风险的法律防控［J］. 法商研究，2019（6）：114 - 126.

表 7-1　地方政府债务问责案例概况①

省份	市区县	公布时间	线索来源	违规主体	融资平台	违规方式	涉及金额（亿元）	处理方式
重庆	黔江区	2017 年 3 月 24 日	审计	政府/财政局	借款主体	承诺函	0.55	行政 + 党纪
				教委/财政局	不涉及	融资租赁/担保	—	
				教务/财政局	不涉及	融资租赁/担保	1	
山东	邹城市	2017 年 4 月 19 日	审计	政府/人大常委会/总工会	借款主体	信托产品	8	行政 + 党纪
河南	驻马店	2017 年 6 月 30 日	审计	政府/财政局	借款主体	列入财政中长期规划和年度预算、出具承诺函	8.18	行政
湖北	黄石市	2017 年 7 月 12 日	其他	经开区管委会/财政局	不涉及	违规使用置换债券资金	1.1	行政
贵州	镇远县	2017 年 12 月 22 日	其他	政府/金融办	—	违法违规举债担保（具体方式未公布）	—	行政
	碧江区			财政局/财金处	借款主体			
	凯里市			—	—			
	兴义市			金融办/财政局				
	汇川区			经开区财金处/财政局				
江苏	15 个县	2017 年 12 月 22 日	其他	政府及其所属部门	—	信托或资产管理计划/担保	—	行政
江西	丰城市	2017 年 12 月 29 日	有关方面	高新园区管委会	资金挪用	违规使用置换债券资金	1.0861	行政

① 周晓亚，万晓萌．我国地方政府债务问责案例与问责体系解析［J］．地方财政研究，2019（5）：13-20.

续表

省份	市区县	公布时间	线索来源	违规主体	融资平台	违规方式	涉及金额（亿元）	处理方式
四川	巴中市	2017 年 12 月 29 日	审计	市政府/经开区管委会	借款主体	出具承诺函	14.13	行政 + 党纪
	新都区			政府/财政局		银行贷款、信托产品和私募债等	22	
安徽	池州市	2018 年 7 月 18 日	有关方面	经开区管委会	借款主体	虚构的政府购买协议	5	行政 + 党纪
宁波市	鄞州区	2018 年 7 月 18 日	有关方面	财政局	回购提供方	建设—移交（BT）方式举债	4.21	行政
云南	保山市	2018 年 7 月 18 日	有关方面	政府/财政局	借款主体	出具承诺函	3.09	行政 + 党纪
	宜良县		有关方面	县政府/县委/县人大/财政局	借款主体	出具决议、承诺函	4.24	行政 + 党纪
	禄丰县		有关方面	县政府/县委/县人大/财政局	借款主体	出具决议、承诺函	2	行政 + 党纪
	景东县		有关方面	县政府/县委/县人大/财政局	借款主体	出具决议、承诺函	1.8	行政 + 党纪
广西	来宾市	2018 年 7 月 18 日	有关方面	政府/财政局	融资主体	以公益性资产违规融资	15	行政
	贺州市		有关方面	政府/财政局	融资主体	以公益性资产违规融资	13	行政
湖南	邵阳市	2018 年 9 月 14 日	有关方面	—	—	—	—	行政 + 党纪
	湘阴县		有关方面	—	—	—	—	行政 + 党纪
	长沙县		有关方面	—	—	—	—	行政
河南	新郑市	2018 年 11 月 9 日	有关方面	财政局	出借主体	直接举借债务	2.059	行政 + 党纪
山东	沂南县	2018 年 11 月 9 日	有关方面	政府/财政局	融资主体	政府购买服务	7	行政

2. 新增隐性债务问责的具体情形

防止新增隐性债务是防范和化解地方政府隐性债务风险的关键，而问责制度是防范新增隐性债务的关键。[①] 新增隐性债务问责的实质要件主要包括以下几点：

第一，执行隐性债务管理政策时，违法违规导致新增隐性债务可对有关部门和相关责任人实行问责。没有严格执行国务院、财政部、人民银行、审计署和省内关于隐性债务管理方面的政策性文件，导致新增地方政府隐性债务的，应当对有关部门和相关责任人问责。

第二，防范隐性债务管理风险时，违法违规导致新增隐性债务可对有关部门和相关责任人实行问责。没有建立政府隐性债务管理领导机制，导致政府隐性债务管理不规范，违反了隐性债务风险管理规定，出现重大失误，导致新增隐性债务，应对有关部门和相关责任人问责。

第三，报送隐性债务管理数据时，违法违规影响隐性债务统计工作的可以对有关部门和相关责任人实行问责。没有根据隐性债务信息披露制度规定的时间、方式及时报送数据，或存在漏报、瞒报等情形，未及时按照规定进行全口径隐性债务检测数据报送，报送的资料与实际不符，在隐性债务审计或专项检查时存在提供虚假资料行为，导致隐性债务统计数据不真实、不准确的，应对有关部门和相关责任人实行问责。[②]

第四，管理政府债券资金时，违法违规使用资金可以对有关部门和相关责任人实行问责。没有严格按照政府债券资金项目用途使用，擅自挪用、改变债券资金用途、用作非资本性支出等，导致新增隐性债务的，应对有关部门和相关责任人实行问责。

在明确实体要件的基础上，新增隐性债务责任认定方面可以采取倒查机制，坚持谁批准、谁负责，谁举借、谁负责的原则，相关责任人如果对举借

① 李萍．地方政府债务管理：国际比较与借鉴［M］．北京：中国财政经济出版社，2009：123.

② 陈红，王稳华，黄艳玲，等．我国地方政府或有负债信息披露探微：基于债务风险视角［J］．财会月刊，2017（3）：18－23.

隐性债务提出明确反对意见而未被采纳的，经认定后可以不承担相应的责任。①

3. 新增隐性债务问责的具体方式

从以往债务问责案例概况可以看出，问责方式单一，只有行政和党纪处罚，没有进一步细化。另外，从财政部公布的问责案例情况中无法得知具体的问责程序，因此笔者认为在建议新增隐性债务问责的具体方式时，可以将程序性规定一起论述，具体内容如下：

第一，对责任单位。对责任单位可以采取责令纠正、限期整改、通报批评和按照其他相关法律规定处罚等问责方式。目的是促使责任单位及时处置隐性债务，能整改的整改，不能整改的按照市场化处置，尽快化解新增隐性债务。

第二，对责任人。对于责任人可以采取通报、诫勉、组织调整、组织处理、给予处分等方式问责，如果涉嫌犯罪，则应移送司法机关处理。对责任人的追责采取终身制，无论责任人已调离、转岗、提拔，还是退休，都应当实行问责，承担相应的责任。

第三，对其他相关单位。在调查新增隐性债务案件过程中，可能从移交的线索和举报的线索中发现其他单位的违法违规情况，涉及国有的企业单位、金融机构、中介机构及其相关责任人的，可以按管理权限由其监管部门进行追责。

如果被问责的人员对处理结果不服，可以在问责处理结果下达后的一定期限内向处理机关申请复核，对复核结果不服的，可以在法定的期限内向处理机关的上级部门提出申诉，或不经复核直接提出申诉。②

（三）新增地方政府隐性债务分类处置

新增隐性债务都会体现在地方政府债务报告的隐性债务专章中，并会明确列出新增隐性债务的原因，比如违规提供担保、直接举借债务、虚构政府购买协议等。针对不同的原因，采取不同的处置方式，争取用最短的时间、最低的成本处置新增隐性债务。

---

① 参见《宜川县政府性债务管理问责办法》第十条。

② 罗昕．地方债务治理中权责配置的法治化路径论析［J］．证券法苑，2019（2）：337－354.

1. 将隐性债务转为合规债务

新增的隐性债务大致可以分为可转换债务和不可转换债务，对于可以争取转换为合规债务的隐性债务，比如不合规的PPP项目、融资平台、政府投资基金项目等，地方政府可以重新对这些项目进行论证，理顺项目投资思路，整合项目资源，力争将这部分新增隐性债务置换成显性的地方政府债券。而不可置换的隐性债务，坚持市场化处置原则，根据不同的类型针对性地置换。重点整合和审查两个方面的合规性：一是项目资本金比例和来源的合规性。项目资本金需满足规定的最低比例，比如社会保障性住房、铁路、公路和城市轨道交通项目最低资本金比例为20%，港口、内河航运、机场项目资本金最低比例为25%。① 资本金来源要符合规定，不能使用债务性资金或者公益性资产。二是现金流覆盖债务的合规性。要重点审查项目的现金流能否保障偿债，如果自身收益不足以偿还债务，则不符合转为合规置换债务的条件。

2. 解除协议或提前偿还隐性债务

解除协议可以分为两种情况，如果协议已经签订，但债务资金没有到位，这时可以解除合约。如果债务资金已经到位，可以安排提前偿还。对于政府部门、事业单位、国有企业等直接违规举债形成的政府隐性债务，可以安排财政资金或企业自有资金（转化为企业债务）偿还。具体偿债资金来源主要包括财政偿债准备金、盘活的财政资金、土地出让收入、企业自有资金、限制资金等。可以在地方政府财政支出预算中包含“偿还新增隐性债务”项。为了避免激励地方政府及其企事业单位违规举借债务，要严格设置提前偿还新增隐性债务的条件。一方面对责任单位和相关责任人问责，如果违反法律规定要追究其法律责任；另一方面要严格限制借款方的权益，比如借款协议无效，只偿还本金，不偿还利息等。从资金需求端和供给端进行严格规制，增加地方政府违法违规借债成本。

---

① 《关于调整和完善固定资产投资项目资本金制度的通知》（国发〔2015〕51号）规定：“城市和交通基础设施项目：城市轨道交通项目由25%调整为20%，港口、沿海及内河航运、机场项目由30%调整为25%，铁路、公路项目由25%调整为20%。”

3. 撤回承诺函或解除担保函

承诺函的作用与担保函类似，撤回或解除承诺函和担保函的逻辑也是类似的。地方政府不得以任何形式为部门、事业单位、国有企业和其他相关企业提供承诺函或担保函。如果违规提供承诺函、担保函产生隐性债务的，则应撤回或解除承诺函和担保函。比如在审计署 2017 年第一季度审计报告中提到的地方政府违规举债整改案例，重庆市黔江区在预算外举债形成政府或有债务，黔江区与相关单位协商，采取撤回承诺函、解除担保责任等方式进行整改。

综上所述，对于新增隐性债务要根据具体情况分类进行处置，针对不同的债务类型，提出不同的解决策略。处置策略要遵循及时、成本低的原则，第一时间处置，防止债务进一步复杂化，争取以最低成本解决问题。

三、化解存量：金融问题市场解

化解存量隐性债务是一个系统工程，既需要保证已有项目的继续运转，满足项目的后续融资要求，又需要降低融资成本，让项目可以良性循环，划清企业和政府之间的界限。隐性债务风险不利于地方政府债务管理制度的整体性迁移，不利于形成良性政府债务的管理机制和循环系统，那么，如何化解存量隐性债务？笔者认为首先要制定工作目标，其次明确化债的基本思路，最后才是具体的化解方法的选择。

（一）化债的工作目标

化解存量隐性债务的目标不是偿还所有债务，更不是解除所有债权债务关系，而理顺政府和债务之间的关系，彻底对政府责任做一个切割，[①] 进而化解地方政府的债务风险，同时防范债务风险向金融风险传递，通过金融系统蔓延到整个经济系统中。

1. 切割政府企业责任

《关于进一步规范地方政府举债融资行为的通知》（财预〔2017〕50 号）

① 张庆君，闵晓莹．制度变迁、规模结构与地方政府债务风险化解［J］．江汉论坛，2020（1）：24－30.

提出了政府与融资平台等国有企业的责任切割的总体要求，在化解存量隐性债务时，这种切割具体表现为以下 3 个方面：

第一，政府企业控制关系切割。化解隐性债务时，要彻底切割政企的控制关系，推动融资平台公司等具有融资功能的国有企业尽快转型为市场化运营的国有企业，依法合规开展市场化融资，地方政府不得以文件、会议纪要、领导批示等形式干预融资平台公司日常运营和市场化融资。地方政府不得要求融资平台等国有企业为其举债或变相举债，不得利用政府性资源干预金融机构的正常融资决策。

第二，政府企业财务关系切割。在化解隐性债务时，防止地方政府继续将公益性资产、储备土地等注入融资平台公司等国有企业，同时可以撤销政府承诺函，比如不得承诺将储备土地预期出让收入作为融资平台公司等国有企业偿债资金来源。

第三，政府企业债务责任切割。化解现存隐性债务时，应对政府承担的企业或有债务和偿还责任做切割。地方政府不再对任何单位和个人债务提供任何形式的担保，不再承诺为其他任何单位和个人融资承担偿还责任。

2. 增强财政可持续性

化解隐性债务可以迅速控制债务规模，减轻政府还本付息的压力。现阶段经济下行又减税降费，地方政府偿债能力与财政的可持续性一直困扰着各级政府，因此增强地方政府财政的可持续性是化解存量隐性债务工作的重要目标。财政可持续性主要研究的是政府偿债能力的可持续性，是国外学者对与政府偿债有关研究的概括性说法。政府被视为一个经济实体，当其无力偿债时，就会宣告破产，不能继续存续下去，如果有偿债能力则说明其可以继续存续。学者们利用不同的方法试图界定财政可持续的条件，多玛用简单的数理分析方法论证存在一个最优的债务率，只要一个国家或地区的债务水平低于最优债务率，则政府就具有偿债能力，具有财政可持续性。① 影响政府财政可持续性的主要因素包括财政收入、支出和负债率，政

① 封北麟．城镇化、地方政府融资与财政可持续［M］．北京：经济科学出版社，2017：120.

府控制收入和支出的能力有限，既不能随意增税，又不能轻易使用通货膨胀，因此政府只能通过调整负债率，让负债率遵循最优数值，才能保证政府的财政可持续性。① 而化解存量隐性债务可以帮助地方政府调整负债率，优化债务结构，整合债务资源，进而促进地区的财政可持续性，让地区财政进入良性循环的状态。

3. 防范系统性金融风险

一直以来，金融行业有一些不规范的做法，比如同业负债、委外模式和嵌套投资相互运转，导致金融体系规模快速膨胀，这与地方政府融资缺口结合，扩大了隐性债务规模，形成了庞杂的关系网络。化解隐性债务，控制隐性债务边际增量，金融系统难以独善其身。以融资平台为例，金融体系内同业负债与委外和非银负债，串联起银行与银行、银行与非银、非银与非银之间的关系，而后通过非银间的相互嵌套、PPP 项目、产业基金等模式将资金注入融资平台。② 金融监管与隐性债务治理是一体两面的关系，③ 化解存量隐性债务，同时可以治理影子银行问题，防范债务风险通过复杂的融资产品向金融系统扩散，避免形成系统性风险。④

综上所述，化解存量隐性债务是一项复杂、困难和系统的工作，这些债务上面附着复杂的法律关系和金融产品，需要剥丝抽茧，逐步切割企业与政府之间的关系，用市场化手段解决隐性债务背后的金融问题，增强地方政府的财政可持续性，防范系统性金融风险的发生。

(二) 化债的基本思路

明确目标是化债（化解债务）工作的前提，而化解债务的基本思路是后续工作的指路明灯，是化解存量隐性债务工作的大致框架。隐性债务有明显的差异性、地域性特征，针对全国各地的存量隐性债务特点，探索出一套可

---

① 阳建勋．论我国地方债务风险的金融法规制［J］．法学评论，2016（6）：34－42.

② 刘莉莉．地方政府债务融资及风险管理［M］．北京：经济科学出版社，2011：42.

③ 唐云锋，刘清杰．地方政府债务诱发金融风险的逻辑与路径［J］．社会科学战线，2018（3）：65－72.

④ 许正中．遏制地方债务金融化之势刻不容缓［J］．中国发展观察，2012（1）：42－44.

行的、高效的工作思路，是非常有挑战性的工作。笔者认为化债的基本思路包括以下3个方面。

1. 明确化债的总体要求

不同的地方政府对隐性债务化解意愿和力度不同，使用的化债方式也存在地域性差异，对融资平台等的实质性帮助有很大的差异，因此我们要明确化解存量隐性债务的总体要求，统一化债工作标准。

第一，明确中央不救助原则。化解存量隐性债务不能与债务置换相提并论，明确中央不救助原则彻底打消地方政府认为中央政府会买单的念头，彻底打消金融机构继续为政府违法违规举债提供资金的动力，彻底打消社会资本参与地方政府项目的不理性预期。坚决不再新增隐性债务，彻底切割存量隐性债务与政府之间的关系，降低融资成本。

第二，明确"谁家的孩子谁抱"原则。《财政部关于坚决制止地方政府违法违规举债遏制隐性债务增量情况的报告》和《财政部关于地方政府债务审计发现问题的整改情况》均提到了"谁家的孩子谁抱"，明确化解隐性债务只能依靠地方政府自己的力量，省级政府对本省债务负总责，省级以下政府各负其责，重点化解高风险地区隐性债务。

第三，明确省级以下政府各负其责原则。在省级政府的统一领导下，省级以下政府根据自身情况分别制定具体的化债方案，不同地区之间的化解情况和方法存在一定的差异，应明确省级以下政府在化债工作中各负其责。

2. 制定统一的化债方案

根据化债的总体要求，省级政府对本辖区隐性债务化解负总责，省级以下政府各负其责，因此制定统一的化债方案具体包括以下几项内容：

一是各省级政府负责制定本省的存量隐性债务化解方案，包括化解债务的主要措施、化债责任、偿债资金规划和保障措施等；① 二是省政府制定统一的化债方案后，各下级政府按照自身的情况分别制定具体的化债方案，统一

---

① 崔玉玲，杜静然．国家审计防范地方政府债务风险的路径研究［J］．商业会计，2019（5）：49－51.

执行，保证同一省份内部各地区债务风险趋于一致；三是要注意省级政府之间化债总体思路的差异性，关注不同地区救助意愿差异，每个省根据自身隐性债务情况、资源禀赋、财政现状等制定具体的化债方案，最终达到一个比较理想的结果。①

3. 对化债成果定期考核

对化债工作成果定期考核是保障化债工作顺利开展的重要方式，要严防各级政府搞虚假化债，玩数字游戏。具体内容包括以下几点：

第一，考核主体。可以成立省市两级化债考核组，考核组成员可以包括纪委监察委派驻人员，财政局、审计局和人民银行工作人员。省级考核组对辖区内各市、省属国有企业等方面的化债工作进行定期考核和督查，市级考核组对辖区内的区、县、县级市、市属国有企业、各园区管委会等方面的化债工作进行定期考核和督查。

第二，考核内容。主要检查各级政府执行化债方案的进度、工作情况和实际效果。督查中，可以听取各单位对到期隐性债务资金备付情况及风险分析、隐性债务化解情况的意见，并对各单位化债方案执行情况进行点评，解答各单位对防范化解地方政府隐性债务最新文件的适用问题。

第三，督查考评。根据化债方案执行进度、降低隐性债务总规模、降低隐性债务融资成本总量等指标设置，明确分数占比与各责任人年终考核挂钩，将债务化解工作列入年度工作考核内容之一，定期通报化解进度，督促化解隐性债务工作顺利完成。

综上所述，各省各地区化债的思路存在一定的差异，不应对总体要求、化债方案和考核方式的具体内容做硬性规定，应给地方政府留出足够的弹性空间，可以根据具体情况调整工作思路。并且工作思路在不同的化债阶段重点也不同，阶段性地把握化债工作节奏，才能真正达到想要的效果。

（三）化债的具体方法

化解存量隐性债务没有固定的、通用的模式，需要量体裁衣，根据不同

---

① 王涛，高珂．我国地方政府隐性债务风险与化解对策研究［J］．政策研究，2019（11）：3－12.

地区情况制定对应的方案。虽然没有固定的模式或方案，但是有具体的化债方法可供地方政府的决策者参考和选择。

1. 金融机构参与，低息贷款置换高息债务

地方政府可以与国开行等国有大型金融机构协商，由其组成银行团参与地方的隐性债务化解工作，这样可以形成债务平滑过渡机制，将短期性、高成本的非标债务置换为长期限、低成本的银行贷款，化解隐性债务到期高峰兑付风险。① 地方政府可以带头组织银行等金融机构对本地区隐性债务进行调研，探讨置换方案，在长期看好隐性债务相关企业长期偿债能力的情况下，银行等金融机构愿意给予一个长期限、低利率的信贷，这个过程要完全尊重银行等金融机构的市场化评估和决策，不得利用行政手段干预银行等金融机构的决定。引入金融机构参与化解隐性债务，用低息贷款置换高息债务的根本目的在于降低融资成本和优化债务结构，各地区在采用该方法时尤其要注意，金融机构提供的置换方案能否与其他化解方式形成合力，可以推广的范围有多大，以及置换类信贷的投放和落地情况。不同地区的财政状况、资源禀赋对金融机构的吸引力不同，在化解债务过程中应避免片面采用该类方法导致化解隐性债务不成反增加的不良后果产生。

2. 重组关联资产，提高整体规模和质量

以山西化债方案为例，山西省整合了多家高速公路单位，提高资产整体规模和质量，既可以通过上市直接融资，又可以提高间接融资的谈判能力，获得金融机构的青睐。因而，地方政府可以对隐性债务较多的地方国有资产重组，关联资产进行整合，可以通过资产划转和收购等形式完成企业重组。在整合中地方政府要注意以下几点：一是重视资产的关联性。资产的关联性是整合的关键，项目之间或公司之间业务应具有关联性，要有效延伸产业价值，提高资产整体价值。② 二是关注整合的成本。整合地方国有资产，目的是

① 肖鹏，张斌．地方政府隐性债务成因、化解及开发性金融实践［J］．开发性金融研究，2019（6）：88－96.

② 钟军委，郝秀琴．逻辑与路径：对中国地方政府债务问题的反思与规制［J］．财政科学，2020（5）：64－71.

切割政企债务关系和化解隐性债务，将隐性债务转为企业债务，在转化过程中要关注整合成本，避免越整合政府债务越多的不利局面出现。三是坚持市场化原则。整合地方企事业单位资产要坚持市场化原则，资产和债务重组同时进行，对资产进行市场化估值，依法对债务属性予以确定，将政府偿债责任内化为企业债务。整合管理资产本质上就是企业重组，目的是理顺股权结构和债务结构，打造核心资产，提高企业融资能力，化解隐性债务。四是要有稳定的现金流。稳定的现金流是企业融资的重要保障，如果企业重组后没有稳定的现金流，那么就没有办法进一步提高融资能力，化解隐性债务。

3. 盘活闲置资源，多方法增加偿债资金

地方政府应多渠道、多方式盘活现有的行政事业单位和国有企业的闲置资产资源，对低效使用的资产资源，宜出租的出租，适合转让的转让，能盘活的盘活，通过改变经营方式，促进一些企事业单位增收，进而增加偿债资金来源。例如，未改造的棚户区，有许多地方企业所属的棚户区因企业负债没有完成改造，这些企业大部分属于国有企业，地方政府可以提出改革意见，帮助国有企业寻找社会资本进入，盘活棚改项目，既可以帮助地方政府完成棚改任务，又可以帮助国有企业增收，可以将此用于偿还隐性债务。再如，闲置低效土地和公共服务及配套设施。有一些地区，尤其是资源型城市，因早期过度开发导致地方转型艰难，国有企业广场、工厂、俱乐部、篮球场、办公楼、幼儿园、医院等低效利用问题严重，或有的地方遭他人非法占用。地方政府可以支持国有企业改革转型，帮助他们有效盘活低效闲置的土地和设施，能市场化经营的市场化经营，能转让的转让，不能转让的资产移交当地政府管理使用，以实现资产保值增值的目的。

4. 分类推进转型，剥离融资平台融资功能

地方政府可以分类、分批清算，重组融资平台公司，推进平台公司实施市场化转型，进一步剥离平台公司的融资功能。① 根据融资平台公司不同的情况，大致可以分为以下几类处置方式：

① 周孝华，周青．地方政府投融资平台风险管理［M］．北京：经济管理出版社，2012：47.

第一，对于“空壳类”融资平台公司，依照法定程序清算注销。“空壳类”融资平台公司仅为政府类项目融资设立，依靠财政性资金存续和偿还债务，与地方政府信用深度挂钩，深得银行等金融机构的青睐。对于这类融资，平台公司可以依法实施清算，如果清算过程中发现公司资不抵债，清算义务人则应向法院申请破产清算，按照法律程序注销该类融资平台公司，消除债权债务关系。

第二，对于“实体类”融资平台公司，兼并重组转为公益类国有企业。“实体类”融资平台公司既承担为政府项目融资的功能，又承担公益性服务等职能，但自身盈利能力较弱。地方政府可以剥离这类平台公司的融资功能，对这些平台公司进行调研，公益性职能可以合并的，则促进不同公司之间兼并重组转为公益类国企。不能兼并重组的，则政府扶持其专注于公益性业务的发展，提高盈利能力。

第三，对于“商业类”融资平台公司，切割政企关系市场化运营。“商业类”融资平台虽然承担一定的政府融资职能，但自身有产业化发展的趋势，整体具备较强的业务拓展能力，盈利能力较强。对于这类平台公司，地方政府可以推进其市场化改革，切割与政府之间的关系，实现市场化转型。

由于历史原因，融资平台公司在地方政府建设中扮演着重要的角色，但同时也积累了很多问题，比如本书讨论的隐性债务问题。想要彻底理顺地方政府债务问题，就必须要对融资平台公司进行梳理，该注销的注销，该转型的转型，彻底切割政企之间的关系，才能真正化解存量隐性债务。

5. 负面清单管理，寻求市场化处置路径

负面清单管理主要针对的是不合规的 PPP 项目、政府购买服务协议和政府性产业投资基金项目。对有纯政府付费、明股实债、承诺函、担保函的项目进行清单管理。针对负面清单上的项目，探索市场化处置的路径，没有开展的项目停止实施，可以暂缓实施的项目暂缓实施并重新论证，可以调整承诺函、担保函等项目条款的重新与社会投资人谈判，可以撤销的项目坚决撤销。具体参考路径如下：

第一，清理 PPP 项目库，市场化处置不合规 PPP 项目。对于纯政府付费的项目可以列入负面清单，而关于可行性缺口补助的 PPP 项目，可以根据需要政府予以项目公司补助的缺口大小确定是否列入负面清单，笔者认为如果缺口达 50% 就应该列入负面清单，给予重点关注。① 还有不包含运营内容、无绩效考核机制、社会资本不实际承担项目建设运营风险的 PPP 项目，也应列入负面清单管理。对于这些不合规的负面 PPP 项目，地方政府要及时将其清理出 PPP 项目库，清理后市场化处置这些项目。根据之前签订的项目协议，能解除的解除，能暂停的暂停，能转型的转型。

第二，排查政府购买服务协议，限制部分类型项目。应对承诺使用财政涉农资金作为偿还贷款来源、购买服务资金纳入财政预算、政府部门直接借款、政府为项目担保贷款、承诺还本付息纳入财政预算等政府购买服务协议进行排查。② 将产生隐性债务的项目列入负面清单管理，针对每一个具体的协议提出化解方案，同时地方政府根据情况限制新增部分类型的购买服务协议，避免产生新的隐性债务。

第三，撤销违规设立的投资基金，厘清项目法律关系。有些地方政府通过预算安排，单独出资或与社会资本共同出资违规设立政府投资基金，没有起到引导社会各类资金投资经济社会发展重点领域或薄弱领域的作用，而是投资一些产能过剩、市场热点项目，既违背了基金设立的目的，又可能增加隐性债务。因此，地方政府应撤销违规设立的投资基金，然后将该类基金投资的项目列入负面清单，理顺项目的法律关系，根据不同的法律关系提出解决方案。

设立负面清单的目的是方便管理，督查地方政府正视清单上的违规项目处置，在分类处置的过程中化解存量隐性债务。

6. 设立平滑基金，以奖代补带动化债积极性

省级政府可以设立平滑偿还隐性债务基金（简称平滑基金），给省以下各级政府化解隐性债务风险提供资金的弹性支持。平滑基金主要有两个功能：

---

① 谢进城，张宗泽. PPP 项目、隐性债务和显性债务关系的实证［J］. 统计与决策，2019（19）：162 – 166.

② 房玉霞. 政府购买服务问题研究［J］. 山西青年职业学院学报，2015（2）：52 – 54 + 70.

一是参与隐性债务化解。以内蒙古自治区政府设立的平滑基金为例，自治区政府财政部门、各盟市财政部门及社会资本共同设立了规模达 20 亿元的基金，用平滑基金先后撬动了乌兰察布市 23 亿元隐性债务展期两年偿还和呼伦贝尔市 1.6 亿元隐性债务重组。使用平滑基金的核心思想是用自有资金带动银行团、社会资金等参与隐性债务的化解。湖南省的平滑应急资金规模更大，高达 200 亿元，在化解隐性债务中的作用更大。二是以奖代补激励下级政府积极化债。省级政府财政部门牵头成立的平滑基金还可以用作对辖区内化债成果突出者的奖励，建立省级化解隐性债务资金激励机制，激励市县级政府提高化解隐性债务的能力。

综上所述，化债的方法很多，上述六种是笔者提出的比较有代表性的方法，但并不意味着只有这六种方法。笔者认为全国各级地方政府情况都不一样，面对隐性债务风险的态度不同，化解意愿、化解能力和化解方法的选择也不同，因此这些方法只能作为参考，不能盲目使用。

第八章　结　论

改革开放40多年，我国在经济领域取得的成绩有目共睹，地方政府在改善区域基础设施、营商环境和引导产业发展方面做出了巨大贡献。但与此同时，债务问题一直困扰着地方政府，尤其是隐性债务问题。隐性债务不是新产生的债务种类，而是一直都存在的，只是最近几年被新的债务分类方法重新划分出来而已。本书认为，凡是地方政府以非债券形式举借的债务或发行债券超出国务院确定的限额、债务不能列入地方政府预算的，地方政府负有偿还、担保或救助义务的，均属于地方政府隐性债务。本书针对地方政府隐性债务风险防范化解中的法律问题进行了研究，具体结论如下：

第一，构建穿透式监管制度防范新增隐性债务。通过对穿透式监管理论渊源和基本原则的探究，划定穿透式监管应用的前提、原则、核心等边界，理顺构建中遇到的法律障碍。穿透式监管采取多环节动态监管，多举措强化审计，完善政府债务管理制度等措施，建立地方政府隐性债务风险评估、应急处置等机制，完善地方政府债务信息披露和问责制度。

第二，采取系统性思维和方法化解存量隐性债务。《预算法》修订后我国地方政府债务管理体系处于整体性变迁阶段，想要妥善化解存量隐性债务，必须正视地方政府的举债需求，开好“前门”，提高地方政府的举债能力和调整财权事权平衡机制，形成科学的债务管理制度，建立违规举债防范机制。同时做好新老债务的衔接工作。通过顺畅地方政府债务管理体系，最终达到有序化解存量隐性债务的目的。

第三，制定符合地方政府实际情况的化债方案。本书通过资料总结了一些地方的化债经验。首先，制定化债的工作目标。设定切割政府与企业债务责任，增强财政可持续性，防范系统性金融风险等目标。其次，明确化债的基本思路。具体包括明确化债的总体要求，制定统一的化债方案，对化债成果定期考核。最后，提出具体的化债方法。根据地方政府实际情况可以采取低息贷款置换高息债务、重组关联资产、盘活闲置资金、分类推进融资平台转型、寻求市场化处置路径和设立平滑基金以奖代补带动化债积极性等措施。

防范化解地方政府隐性债务是一项长期、复杂的工作，需要地方政府有足够的定力执行。归根到底，这个问题产生的根源在于我国财政制度、债务管理制度等顶层制度设计存在问题，隐性债务只是顶层制度设计问题的一个缩影。

参考文献

一、专著类

［1］张国盛. 地方政府债务管理［M］. 北京：中国法制出版社，2008.

［2］彭刚. 我国地方政府债务该怎么核算［M］. 北京：企业管理出版社，2019.

［3］刁伟涛，傅巾益，等. 中国地方政府债务透明度［M］. 上海：上海财经大学出版社，2019.

［4］刘学在. 民事公益诉讼制度研究：以团体诉讼制度的构建为中心［M］. 北京：中国法制出版社，2015.

［5］奥塔维亚诺·卡努托，刘莉莉. 地方政府债务应急处置的国际比较：世界银行专家谈地方政府债务［M］. 北京：中国财政经济出版社，2015.

［6］范为，吴洵. 债务危机启示录：债务危机、量化宽松及对中国地方政府债务问题的启示［M］. 北京：中国金融出版社，2018.

［7］潘琰. 风险管理导向的地方政府债务会计及预警机制研究［M］. 北京：经济科学出版社，2019.

［8］马恩涛. 中国地方政府融资平台转型与地方政府债务风险防范研究［M］. 北京：经济科学出版社，2017.

［9］李霁友. 新常态下地方政府债务问题研究［M］. 北京：科学出版社，2018.

［10］王婷婷. 财政责任视野下的地方政府债务治理研究［M］. 北京：中国法制出版社，2017.

［11］李吉栋. 地方政府债务风险管理与融资创新［M］. 北京：经济管

理出版社，2017.

［12］孙鹏云．政府会计改革与地方政府债务报告优化研究［M］．北京：经济科学出版社，2016.

［13］成涛林，孙文基．基于新型城镇化视角的我国地方政府债务管理探讨［M］．苏州：苏州大学出版社，2017.

［14］陈志勇．公债学［M］．北京：中国财政经济出版社，2012.

［15］杨晔，杨大楷，汪若君．2015 中国投资发展报告：中国地方政府债务风险的治理［M］．上海：上海财经大学出版社，2015.

［16］苏英．非均衡分税体制下我国地方政府债务风险评价与控制［M］．北京：经济科学出版社，2019.

［17］孙玉栋，孟凡达．中国地方政府债务形成机制与风险管控研究［M］．北京：经济科学出版社，2019.

［18］仲杨梅．政府审计、财政透明与地方政府债务风险［M］．北京：经济科学出版社，2019.

［19］曾芸．地方政府债务：形成机制与风险管理［M］．北京：立信会计出版社，2018.

［20］朱美宁．破产法视域下我国地方政府债务治理研究［M］．北京：法律出版社，2020.

［21］杨珊．我国地方政府债务融资的法律规制研究［M］．北京：中国政法大学出版社，2017.

［22］唐云锋．地方治理创新视角下的地方政府债务危机防范研究［M］．北京：中国言实出版社，2014.

［23］匡小平．地方政府债务风险防控机制研究：以江西省为例［M］．北京：中国财政经济出版社，2016.

［24］栾彦．新常态下的中国地方政府债务风险形成根源、预警体系、管控策略研究［M］．北京：经济科学出版社，2020.

［25］谢保鹏．基于土地财政的地方政府债务规模与风险研究［M］．北京：中国农业出版社，2019.

[26] 李帅. 新《预算法》语境下我国地方政府债务面临的困境与疏解［M］. 北京：中国政法大学出版社，2019.

[27] 何高峰. 警惕“灰犀牛”：政府债务化解与可持续融资［M］. 北京：经济日报出版社，2018.

[28] 王旭坤. 中国地方政府举债权研究［M］. 北京：法律出版社，2016.

[29] 毛晖. 地方政府性债务风险管控体系研究［M］. 北京：经济科学出版社，2018.

[30] 刘勇. 中国地方政府及融资平台债务问题研究［M］. 北京：中国财政经济出版社，2012：320.

二、期刊类

[31] 刘昆. 加力提效实施积极的财政政策［J］. 中国财政，2019（10）：4－7.

[32] 刘昆. 充分发挥财政职能作用　坚决支持打好三大攻坚战［J］. 中国财政，2018（19）：4－6.

[33] 李丽珍，安秀梅. 地方政府隐性债务：边界、分类估算及治理路径［J］. 当代财经，2019（3）：37－47.

[34] 谢玮. “排雷”地方隐性债务［J］. 中国经济周刊，2019（6）：34－41.

[35] 韩健，向森渝. 地方政府隐性债务诱发系统性金融风险的路径与防范［J］. 财会月刊（下），2018（12）：9－13.

[36] 毛振华，袁海霞，刘心荷，等. 当前我国地方政府债务风险与融资平台转型分析［J］. 财政科学，2018（5）：24－43.

[37] 崔瑜. 地方隐性债务风险与治理［J］. 中国金融，2018（20）：84－86.

[38] 封北麟. 隐性债务：类型与规模［J］. 新理财：政府理财，2018（4）：26－28.

[39] 刘煜辉，沈可挺. 中国地方政府公共资本融资：问题、挑战与对策：基于地方政府融资平台债务状况的分析 [J]. 金融评论，2011 (3)：1-18.

[40] 缪小林，伏润民. 权责分离、政绩利益环境与地方政府债务超常规增长 [J]. 财贸经济，2015 (4)：17-31.

[41] 巴曙松，王劲松，李琦. 从城镇化角度考察地方债务与融资模式 [J]. 中国金融，2011 (19)：20-22.

[42] 刘骅，卢亚娟. 转型期地方政府投融资平台债务风险分析与评价 [J]. 财贸经济，2016 (5)：48-59.

[43] 刁伟涛. 国有资产与我国地方政府债务风险测度：基于未定权益分析方法 [J]. 财贸研究，2016 (3)：99-105.

[44] 徐占东，王雪标. Ponzi 偿债策略、土地财政与省级政府债务可持续性 [J]. 经济科学，2016 (1)：17-28.

[45] 胡娟，范晓婷，陈挺. 地方政府性债务可持续性测度及对策研究：基于中国审计公报数据 [J]. 中央财经大学学报，2016 (6)：9-20.

[46] 裴育，欧阳华生. 我国地方政府债务风险预警理论分析 [J]. 中国软科学，2007 (3)：110-114.

[47] 缪小林，伏润民. 我国地方政府性债务风险生成与测度研究：基于西部某省的经验数据 [J]. 财贸经济，2012 (1)：17-24.

[48] 亓霞，柯永建，王守清. 基于案例的中国 PPP 项目的主要风险因素分析 [J]. 中国软科学，2009 (5)：107-113.

[49] 马金华，李国锋. 我国地方政府债务监管中存在的问题及对策分析 [J]. 中央财经大学学报，2010 (7)：7-10.

[50] 张千帆. 中央与地方财政分权：中国经验、问题与出路 [J]. 政法论坛（中国政法大学学报），2011 (5)：94-101.

[51] 张宇润. 地方债券化解地方政府债务结构风险的法律思考 [J]. 江淮论坛，2016 (1)：98-104.

[52] 徐清飞. 地方隐性债务风险的法律防控 [J]. 法商研究，2019

(6): 114-126.

[53] 王柏杰. 地方政府行为与债务积累的理论逻辑 [J]. 经济学家, 2014 (10): 94-102.

[54] 刘继锋, 曹阳. 我国地方政府债务法律监管研究 [J]. 法学杂志, 2017 (3): 76-85.

[55] 肖蓓. 政府违反适度干预原则之责任的追究 [J]. 湖北社会科学, 2004 (8): 109-111.

[56] 李静. 论经济法的适度干预原则 [J]. 探索, 2002 (1): 137-139.

[57] 高莹. 公开透明应成为政府采购的首要原则 [J]. 中国政府采购, 2007 (4): 67-69.

[58] 张海星. 财政机会主义与政府或有债务的预算管理 [J]. 财政研究, 2007 (11): 20-22.

[59] 刘少波, 黄文青. 我国地方政府隐性债务状况研究 [J]. 财政研究, 2008 (9): 64-68.

[60] 张旭, 成睿. 关于防范化解地方政府隐性债务风险的思考 [J]. 债券, 2019 (4): 38-41.

[61] 刘红忠, 许友传. 地方政府融资平台债务重构及其风险缓释 [J]. 复旦学报 (社会科学版), 2017 (6): 143-154.

[62] 陈少强. 完善 PPP 财政风险管理研究: 基于流量管理和存量管理相结合的视角 [J]. 中央财经大学学报, 2018 (12): 3-13.

[63] 顾祎雯. 城投类企业债券发行规模影响因素的实证研究 [J]. 时代金融, 2015 (5X): 158-159.

[64] 陈柳钦. PPP 模式与城市轨道交通建设融资 [J]. 经济前沿, 2005 (12): 22-25.

[65] 傅志华, 韩凤芹, 史卫. 政府购买服务及 PPP 不规范操作蕴藏财政风险: 来自地方财政部门的反映 [J]. 中国财政, 2017 (18): 50-51.

[66] 毛腾飞. 防范以 PPP 项目名义举借政府债务的思考 [J]. 中国内部

审计，2018（7）：85－87.

［67］姜宏青，张艳慧．我国政府债务与固定资产投资关系的实证研究［J］．中国海洋大学学报（社会科学版），2018（4）：79－87.

［68］巴婉莹．PPP 模式下政府债务性风险问题的研究［J］．中国商论，2018（11）：47－48.

［69］伍迪，王守清．PPP 模式在中国的研究发展与趋势［J］．工程管理学报，2014（6）：75－80.

重要术语索引